Die Quintessenz-Reihe

Reihenherausgeber

Dr. Nils Bickhoff, Quintessential Strategies, Hamburg
bickhoff@quintessential-strategies.de
www.quintessential-strategies.de

Weitere Publikationen in der Quintessenz-Reihe

N. Bickhoff
Quintessenz des
strategischen Managements
vii, 136 Seiten, 1. Aufl. 2008,
Korr. Nachdruck, 2009
ISBN 978-3-540-79371-7

R. G. Poluha
Quintessenz des
Supply Chain Managements
xvi, 176 Seiten, 2010
ISBN 978-3-642-01583-0

Rolf G. Poluha

Quintessenz des Supply Chain Managements

Was Sie wirklich über Ihre Prozesse
in Beschaffung, Fertigung, Lagerung
und Logistik wissen müssen

 Springer

Dr. Rolf G. Poluha
1001 Summit Boulevard
Atlanta, GA, 30341
USA
rpoluha@yahoo.com

ISSN 1869-6414   e-ISSN 1869-6422
ISBN 978-3-642-01583-0   e-ISBN 978-3-642-01584-7
DOI 10.1007/978-3-642-01584-7
Springer Heidelberg Dordrecht London New York

Die Deutsche Nationalbibliothek verzeichnet diese Publikation in der Deutschen Nation-
albibliografie; detaillierte bibliografische Daten sind im Internet über http://dnb.d-nb.de
abrufbar.

Einbandgestaltung: WMXDesign GmbH, Heidelberg
Grafikdesign: Birgitt Fälchle, Oberkochen
Lektorat: Juliane Topka, Hamburg (www.julianetopka.de)

Gedruckt auf säurefreiem Papier

Springer ist Teil der Fachverlagsgruppe Springer Science+Business Media (www.springer.com)

Für meine ganz persönliche Quintessenz:
Sandra, Kim Helena, Dion William & Tia Eleanor

»Entscheidender Faktor für den Unternehmenserfolg ist die Kompetenz, innovative Produkte in hoher Qualität zu marktfähigen Preisen schneller als die Konkurrenz herzustellen und den Kunden zugänglich zu machen. Darüber hinaus müssen Unternehmen ihre Prozesse kontinuierlich verbessern und durch die Integration neuer, innovativer Ideen effektiver und effizienter gestalten, um konkurrenzfähig zu bleiben.

Das Buch von Rolf Poluha stellt kurz und gut nachvollziehbar dar, wie das Supply Chain Management dazu genutzt werden kann, diese Ziele in die Praxis umzusetzen und im Wettbewerb erfolgreich zu sein.«

Prof. Dr. Dietrich Seibt, Universität zu Köln

»Wir erleben gerade eine interessante Wende im Wettbewerb: Unternehmen konkurrieren nicht mehr so sehr einzeln miteinander, sondern vielmehr im Verbund. So haben beispielsweise Coca-Cola, Nike und Target Netzwerke mit Lieferanten und Groß- und Einzelhändlern aufgebaut. Es fällt aufgrund der Fülle an Literatur oft schwer, die wesentlichen Grundlagen und Konzepte solcher Veränderungen und deren Auswirkungen zu verstehen und zu verfolgen. Ein kurz gefasstes und handliches Nachschlagewerk im Taschenbuchformat kann dabei helfen.

Rolf Poluhas Buch enthält eine kompakte Einführung in das Supply Chain Management und gibt eine klare Übersicht zu den neuesten Entwicklungen. Es enthält eine Vielzahl von Hinweisen auf weiterführende Literatur, um in Bereichen, die besonders interessieren, gezielt tiefer gehen zu können. Der Leser, der nach praktischen Hinweisen für die Balance zwischen Standardisierung und Anpassung an eine gegebene Unternehmensstrategie sucht, wird nicht enttäuscht werden.«

Dr. Paul Hofmann, Vice President Research, SAP Labs

Inhalt

Abbildungen

Abkürzungen

Abb. .... Abbildung
aktual. .... aktualisierte
AMR .... Advanced Manufacturing Research
APS .... Advanced Planning System
ASUG .... Americas' SAP Users' Group
Aufl. .... Auflage
Bd. .... Band
BPML .... Business Process Modeling Language
BSC .... Balanced Scorecard
bzgl. .... bezüglich
bzw. .... beziehungsweise
ca. .... circa
CLM .... Council of Logistics Management
CPFR ... Collaborative Planning, Forecasting & Replenishment
CSCMP . Council of Supply Chain Management Professionals
CSCO .... Chief Supply Chain Officer
CSF .... Critical Success Factor
d. h. .... das heißt
E-Business .... Electronic Business
E-Commerce .... Electronic Commerce
E-Learning .... Electronic Learning
E-SCM .... Electronic Supply Chain Management
EDV .... Elektronische Datenverarbeitung
EPK .... Ereignisgesteuerte Prozesskette
ERP .... Enterprise Resource Planning
erweit. .... erweiterte
etc. .... et cetera
f. .... folgende
ff. .... fortfolgende
F&E .... Forschung und Entwicklung

ggf(s). .... gegebenenfalls
Hrsg. .... Herausgeber
IT .... Informationstechnologie
Jg. .... Jahrgang
KVP .... Kontinuierlicher Verbesserungsprozess
KPI .... Key Performance Indicator
Mio. .... Millionen
Mrd. .... Milliarden
No. .... Number
Nr. .... Nummer
o. g. .... oben genannt(e)
OEM .... Original Equipment Manufacturer
OMG .... Object Management Group
PRTM .... Pittiglio, Rabin, Todd & McGrath
RFID .... Radio Frequency Identification
s. .... siehe
SCC .... Supply Chain Council
SCDM .... Supply Chain Design Management
SCEM .... Supply Chain Event Management
SCM .... Supply Chain Management
SCOR .... Supply Chain Operations Reference Model
SMI .... Supplier-Managed Inventory
überarb. .... überarbeitet(e)
u. .... und
u. a. .... unter anderem
u. a. .... und andere
usw. .... und so weiter
vgl. .... vergleiche
VMI .... Vendor-Managed Inventory
Vol. .... Volume
vs. .... versus
WfMC .... Workflow Management Coalition
WIP .... Work in Process
z. B. .... zum Beispiel
z. T. .... zum Teil

Einführung: Der Wettbewerb findet zukünftig zwischen Supply Chains statt

Führende Unternehmen haben inzwischen erkannt, dass der Wettbewerb in Wahrheit zwischen ihren Lieferketten stattfindet.

(nach Christopher [2004], S. 16)

Der Wettbewerb der Lieferketten

Wenn es darum geht, die Marktposition eines Unternehmens zu verbessern, denkt man in erster Linie an Faktoren wie die Qualität und den Preis der Produkte. Einen maßgeblichen Einfluss auf den Markterfolg hat aber auch die Art und Weise, wie das Unternehmen plant, beschafft, produziert, lagert und seine Produkte vertreibt. Im heutigen Geschäftsumfeld sind Transparenz, Effizienz und Schnelligkeit die Schlüsselfaktoren für den Erfolg. Unternehmen, die ihre Abläufe und Prozesse effizient steuern, verschaffen sich Vorteile in allen Funktionsbereichen: So können sie ertragswirksame Potenziale in der Beschaffung nutzen, ihre Bestände reduzieren und verlagern und durch einen besseren Lieferservice die Kundenbindung steigern.

Die kontinuierliche Globalisierung der Beschaffungs- und Absatzmärkte sowie die weltweite Verteilung von Produktionsstandorten führen dazu, dass Unternehmen auf der einen Seite ihre Wertschöpfungsprozesse und Logistiknetzwerke ganzheitlich planen und optimieren müssen. Auf der anderen Seite gilt es auch, das Kundenmanagement entsprechend zu entwickeln und zu integrieren. Eine große Herausforderung für die Verantwortlichen in den Unternehmen, denn sie müssen einerseits operative Verbesserungen umsetzen, gleichzeitig aber auch Kosten minimieren, ohne dass der Kundenservice sich verschlechtert. Da diese Ziele sich ganz offensichtlich widersprechen, muss die Vorgehensweise buchstäblich ausgewogen sein und alle relevanten Aspekte in die Überlegungen einbeziehen.

Die entscheidende Erkenntnis für den Erfolg der in eine Lieferkette eingebundenen Organisationen lautet: Das schwächste Glied in der Versorgungskette bestimmt den Markterfolg. Das ursprünglich innerbetrieblich ausgerichtete betriebswirtschaftliche *Ausgleichsgesetz der Planung* gilt nunmehr für die gesamte Lieferkette – um den Engpass der Lieferkette auf ein höheres Niveau zu verschieben, müssen die beteiligten Unternehmen verstärkt zusammenarbeiten.

Viele Unternehmen stehen damit vor der Herausforderung, ihre Material- und Informationsflüsse durchgängig und effizient zu planen und zu steuern – von der Beschaffung über die Produktion bis hin zum Absatz. Absatzpläne sind jedoch in der Praxis häufig gekennzeichnet durch eine unzureichende Prognosegenauigkeit und werden nicht auf Durchführbarkeit geprüft. Unternehmen sind deshalb verstärkt gezwungen, eine kostenintensive Engpass-Steuerung zu betreiben. Weil Produktion und Beschaffung auf Nachfrageschwankungen häufig nicht flexibel genug reagieren können, verschlechtert sich die Liefertreue

---

Das *Ausgleichsgesetz der Planung* besagt: Um einen koordinierten Ablauf des Betriebsgeschehens sicherzustellen, müssen die Beschaffungsgegebenheiten, Herstellungskapazitäten, Absatzmöglichkeiten etc. kontinuierlich wechselseitig abgestimmt werden. Diese Verflechtungen führen dazu, dass im Zeitablauf wechselnde Bereiche als Engpass-Sektor die anderen betrieblichen Teilbereiche in deren quantitativer und/oder qualitativer Entfaltung behindern. Für die Planung heißt das, dass Teilpläne mittels geeigneter Abstimmungsmaßnahmen auf diesen „Minimumsektor" ausgerichtet werden müssen (siehe Gutenberg [1979], S. 164 ff.; zum Thema *Engpass* bzw. *Engpass-Steuerung* siehe beispielsweise Goldrath und Cox [2008] oder Heinrich und Betts [2003], S. 14 f.).

teils drastisch. Häufig werden auch kostenintensive Überkapazitäten aufgebaut, um diesem Problem zu begegnen. In der Folge sehen sich Unternehmen heute mit zwei wichtigen Fragestellungen konfrontiert:

- Wie können wir unter Betrachtung der Termine, Kosten und Servicelevel ein dauerhaftes Gleichgewicht zwischen der Angebotsseite (Bestände, Produktions- und Transportkapazitäten usw.) und der Bedarfsseite schaffen?
- Auf welche Art und zu welchem Zeitpunkt muss die Angebotsseite aus- bzw. abgebaut werden?

Führende Unternehmen befassen sich vorausschauend mit diesen Fragen und binden ihre Partner verstärkt in die Planung ein. Ziel ist es, die Durchgängigkeit und Transparenz aller Betriebsprozesse stetig zu erhöhen und gleichzeitig Engpässe und Terminverschiebungen rechtzeitig erkennen und beheben zu können. Die zentrale Herausforderung besteht darin, die Daten der Partner (Lieferanten, Logistikdienstleister, Verkaufsniederlassungen usw.) kostengünstig und flexibel in die eigene Beschaffungs-, Produktions-, Absatz-, Distributions- und Transportplanung einzubinden und einheitliche, konsensbasierte Pläne zu erstellen.

Halten wir also fest: Angesichts des durch Globalisierung, Wirtschaftskrisen etc. intensivierten Wettbewerbs müssen Unternehmen alle Potenziale nutzen, um die Wirtschaftlichkeit zu erhöhen und damit die Wertschöpfung zu optimieren. Dies führt jedoch zu einem Problem: Die Optimierung in einem Bereich (z. B. durch die Senkung von Lagerbeständen) hat nur eine beschränkte Wirkung, wenn nicht gleichzeitig die vor- oder nachgelagerten Prozesse (z. B. in der Beschaffung und der Produktion) koordiniert bzw. angepasst werden. Um tatsächlich die Effizienz zu erhöhen, gilt es deshalb, den gesamten Fluss an Material und Informationen zu betrachten. Das schwächste Glied bestimmt dabei die Effizienz der Lieferkette.

Zwei Schwierigkeiten ergeben sich aus dieser Erkenntnis: Zum einen sind bereichsübergreifende Maßnahmen nötig – es ist nicht zielführend, einzelne Prozesse zu betrachten und zu optimieren. Zum anderen sind operative Verbesserungen und Kostensenkungen mit Zielkonflikten verbunden und müssen deshalb gleichzeitig betrachtet werden. Diese und damit zusammenhängende Aspekte werden wir im weiteren Verlauf genauer betrachten.

Letztlich geht es darum, Bestände, Produktions- und Transportkapazitäten usw. *(das Angebot)* und den kundenseitigen Bedarf *(die Nachfrage)* in ein Gleichgewicht zu bringen. Anders formuliert: Das vorrangige Ziel ist es, zu erkennen, wo und wann die Angebotsseite aus- bzw. abgebaut werden muss, um die Nachfrageseite möglichst exakt und zeitnah abzudecken. Die damit verbundene Steuerung und Koordination der Lieferkette in Form von Arbeitsabläufen, Material- und Informationsflüssen kann vereinfacht als *Supply Chain Management* bezeichnet werden. Sie soll es Unternehmen ermöglichen, erfolgreich mit den Lieferketten ihrer Wettbewerber zu konkurrieren.

Noch vor wenigen Jahren wurde darüber debattiert, ob das Konzept des Supply Chain Managements lediglich eine vorübergehende Modeerscheinung oder auch die Präsentation bekannter Inhalte in veränderter Form („alter Wein in neuen Schläuchen") sei. Inzwischen hat sich in der wissenschaftlichen Literatur die Erkenntnis durchgesetzt, dass es sich tatsächlich um eine ernstzunehmende Disziplin der Betriebswirtschaftslehre mit eigener Existenzberechtigung handelt.

> Die wissenschaftliche Beurteilung des Supply Chain Managements wird unter anderem diskutiert bei Müller u. a. (2003), S. 429; Ayers (2002), S. 8 f.; Otto und Kotzrab (2001), S. 157 ff.; von Steinäcker und Kühner (2001), S. 39 ff.

So sind heute an deutschen Hochschulen eigenständige Einrichtungen und Seminare für Supply Chain Management keine Seltenheit mehr. Beispiele sind das *Supply Chain Management*

Institute der European Business School in Wiesbaden, der *Lehrstuhl für Operations Research und Supply Chain Management* an der RWTH Aachen und das *Seminar für Supply Chain Management und Management Science* an der Universität zu Köln.

Ähnlich gestaltet sich das Bild in der Praxis: In den vergangenen rund zehn Jahren hat zum einen die Bedeutung von Logistikprozessen in Unternehmen stark zugenommen. Darüber hinaus ist aber auch die funktionsübergreifende, integrierte Betrachtung der Lieferkette immer mehr in den Vordergrund getreten, während früher noch überwiegend eine vertikale Sichtweise auf die damit verbundenen Unternehmensfunktionen vorherrschte. In der Folge wurde das Supply Chain Management in Unternehmen stärker verankert.

In diesem Zusammenhang haben in jüngster Vergangenheit immer mehr Unternehmen eine neue Position eingeführt: den *Chief Supply Chain Officer (CSCO)* oder *Supply-Chain-Präsidenten*, der oftmals direkt an den Chief Executive Officer (CEO) oder Vorstandsvorsitzenden berichtet. Es gibt auch eine eigene Internetseite und ein zugehöriges Magazin speziell für Führungskräfte aus dem Bereich Supply Chain Management mit dem Titel *Chief Supply Chain Officer (CSCO): Insights for the Supply Chain Executive* (www.cscomagazine.com).

Ein guter Überblick zum *Supply Chain Management* findet sich beispielsweise bei Thaler (2007) und Werner (2008). Sehr aktuelle Aspekte sind in Becker (2008) und Fandel u. a. (2009) enthalten. Für eine umfassende Darstellung sind vor allem Cohen und Roussel (2006) und Thonemann (2009) zu empfehlen.

Zudem gibt es inzwischen auch zahlreiche Veröffentlichungen zu dem Thema. Dennoch existierte bislang überraschenderweise noch kein Buch, das eine kurz gefasste und gut nachvollziehbare Übersicht sowohl für Praktiker als auch für Akademiker liefert.

Die *Quintessenz des Supply Chain Managements* schafft hier Abhilfe: Darin werden die wesentlichen Begriffe und die

Grundlagen in kompakter Form erläutert sowie mit zahlreichen Abbildungen und Beispielen verdeutlicht. Nach der Lektüre werden Sie

- wissen, auf was es wirklich bei Ihren Prozesse in Beschaffung, Fertigung, Lagerung und Logistik ankommt,
- nachvollziehen können, wie die Lieferkette analysiert und bewertet und darauf aufbauend zielgerichtet strukturiert und optimiert werden kann,
- eine Vielzahl von weiterführenden Hinweisen und Lesetipps gesammelt haben, um bestimmte Aspekte zu vertiefen, die Sie besonders interessieren,
- nachvollziehen können, welche wettbewerbskritische Rolle das Supply Chain Management spielt, wenn es darum geht, den langfristigen Unternehmenserfolg zu sichern.

Und Sie werden besser verstehen, was das Supply Chain Management für Ihr Unternehmen tun kann, damit es zu den Gewinnern im „Wettbewerb der Lieferketten" gehört!

Kapitel 1: Strategische Bedeutung der Supply Chain im dynamischen Wettbewerbsumfeld

Die meisten Unternehmen erkennen nicht, dass Lieferketten zusätzlich zu den unvorhersehbaren Veränderungen bei Angebot und Nachfrage fast ständig mit Marktveränderungen konfrontiert sind. Passen Unternehmen ihre Lieferketten nicht an, werden sie nicht sehr lange konkurrenzfähig bleiben.

(nach Lee [2005], S. 76)

1.1 Das Bezugssystem des Unternehmens

Um ein Verständnis für die spezielle Bedeutung der Lieferkette entwickeln zu können, ist es zunächst notwendig, von der weit verbreiteten funktionalen hin zu einer prozessorientierten Denk- und Sichtweise zu wechseln. Abbildung 1.1 verdeutlicht den Unterschied zwischen den beiden Perspektiven.

Der Einfluss der Prozesssicht auf den Unternehmenserfolg konnte nicht nur in der betrieblichen Praxis nachgewiesen werden. Auch wissenschaftliche Studien zur Untersuchung von Faktoren, die einen signifikanten Einfluss auf den Unternehmenserfolg haben, zeigen, dass der Markterfolg ganz maßgeblich von der Betrachtung und Verbesserung der zentralen Geschäftsprozesse abhängt.

> Die Prozesssicht im Zusammenhang mit der Lieferkette beschreiben Melzer-Ridinger (2007) und Schönsleben (2007) besonders anschaulich.

R.G. Poluha, *Quintessenz des Supply Chain Managements*, Quintessenz-Reihe, DOI 10.1007/978-3-642-01584-7_1, © Springer-Verlag Berlin Heidelberg 2010

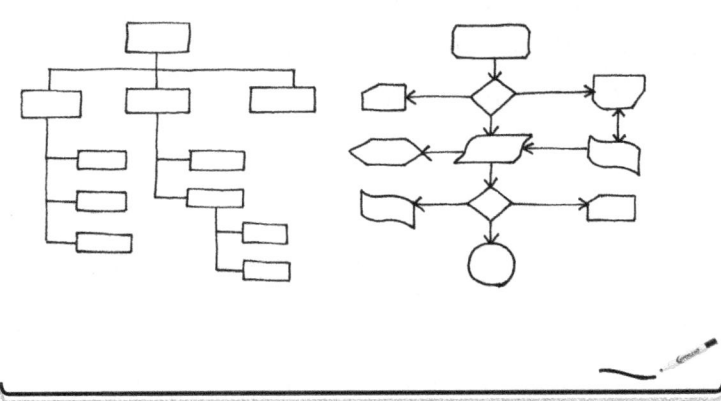

Abb. 1.1:   Vereinfachte Darstellung von funktionaler vs. prozessualer Sichtweise

Betrachten wir deshalb zunächst ein Beispiel für ein Integrationskonzept, in dem die Geschäftsprozesse im Mittelpunkt stehen, im Sinne eines betrieblichen Bezugssystems. Abbildung 1.2 gibt das Integrationskonzept wieder, das im Rahmen des von der Europäischen Kommission geförderten Projekts CEBUSNET entwickelt wurde. An diesem Projekt waren Wissenschaftlergruppen von sechs europäischen Universitäten beteiligt.

An oberster Stelle stehen in diesem Konzept die Unternehmensziele, -strategie und -richtlinien. Diese bestimmen unmittelbar die Geschäftsprozesse, dargestellt durch die dicken Pfeile. Sie determinieren darüber hinaus aber auch die Einflussfaktoren, d. h. Mitarbeiter, Organisation und Informationstechnologie sowie die Er-

Das vollständige Arbeitspapier mit der *CEBUSNET-Studie* (siehe Seibt u. a. [1997]) kann kostenlos von der folgenden Internetseite bezogen werden: http://www.islp. uni-koeln.de/downloads/ WorkingPaper/WP_97_01.pdf

gebnisse, dargestellt durch die gestrichelten Pfeile. Eingangsgrößen (z. B. Rohmaterial, Arbeitskraft und Daten), Ausgangsgrößen (z. B. Produkte und Dienstleistungen) sowie Aktivitäten und Prozessschritte sind in der Abbildung nicht ausdrücklich aufgeführt, sondern sind vielmehr in den Geschäftsprozessen enthalten.

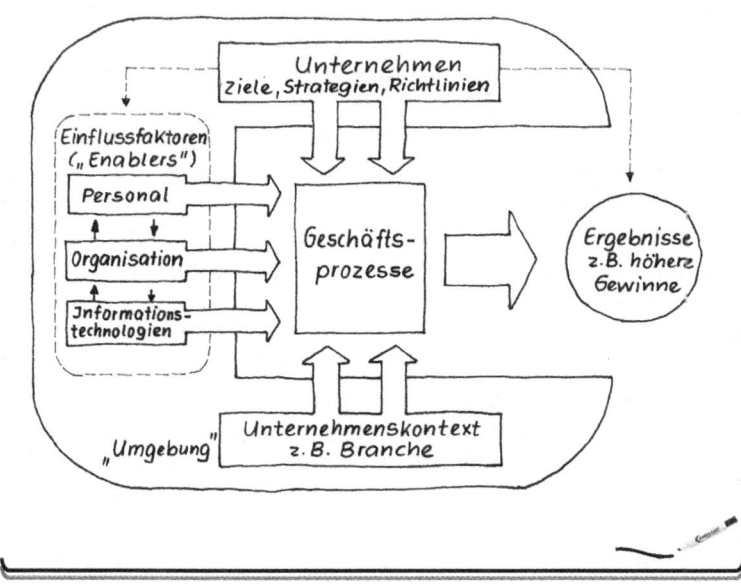

Abb. 1.2: Integrationskonzept zur Gestaltung von Geschäftsprozessen (nach Seibt u. a. [1997], S. 6)

Das optisch zentrale Element sind die Geschäftsprozesse,
auf die außer der Unternehmensstrategie und den Unternehmenszielen auch die Einflussfaktoren („Enablers") sowie der
unternehmensspezifische Kontext stark einwirken (dargestellt

Ein sehr kompakter und ausgezeichneter Überblick zum strategischen Management und der Definition von Unternehmenszielen und Unternehmensstrategie findet sich bei Bickhoff (2008).

als dicke Pfeile). Die Einflussfaktoren umfassen im Einzelnen die Mitarbeiter, die Informationstechnologie und die Organisation. Der Einflussfaktor *Mitarbeiter* beinhaltet alle prozessbezogenen Aspekte, die eine Rolle spielen, um die Fähigkeiten und Motivation der Mitarbeiter zu verbessern. Die *Informationstechnologie* wird schon seit Längerem als ein relevanter Faktor angesehen, um eine optimale Prozessabwicklung zu ermöglichen. Sie umfasst die Anwendungslösungen und Informationssysteme sowie die damit zusammenhängenden Verfahren und Abläufe. *Organisation* als Einflussfaktor fasst die Organisationsstruktur, -regeln und -vorgänge zusammen, soweit sie in einem Zusammenhang mit den Geschäftsprozessen stehen. Der unternehmensspezifische Kontext *(Umgebung)* wird durch Faktoren wie die Branche, die individuelle Konkurrenzsituation oder Ein- und Ausfuhrbeschränkungen geprägt.

Auf der rechten Seite stehen die Ergebnisse der Geschäftstätigkeit bzw. der Abwicklung der Geschäftsprozesse. Dies sind z. B. die Produkte und Dienstleistungen, die aus den Geschäftsprozessen resultieren. Ergebnisse sind auch die Leistungskennzahlen, beispielsweise die Kundenzufriedenheit und die Durchlaufzeit, die als Zielgrößen des Unternehmens definiert sind. Auf diese werden wir im weiteren Verlauf noch näher eingehen, da sie im Supply Chain Management eine sehr wichtige Rolle spielen. Ergebnisse können gewollt oder ungewollt sein. Ein gewolltes Ergebnis könnten etwa höhere Gewinne sein, ein ungewolltes Ergebnis die Ausweisung von Verlusten anstelle von Gewinnen. Das Risiko ungewollter Ergebnisse entsteht unter anderem als Folge der Definition von Unternehmenszielen und -strategie.

Darüber hinaus gibt es natürlich im Hinblick auf die vier Hauptbereiche, die für die Abwicklung von Geschäftsprozessen wichtig sind – Unternehmen, Einflussfaktoren, Unternehmenskontext und Ergebnisse der Geschäftstätigkeit – Rückkopplungsprozesse, die jedoch hier nicht abgebildet sind. Da das Integrationskonzept einen umfassenden Bezugsrahmen für Unternehmen darstellt und die Lieferkette alle relevanten Geschäftsprozess-Bereiche betrifft, kommen wir im weiteren Verlauf mehrfach darauf zurück. Es dient damit als „roter Faden", der sich durch das Buch zieht und Ihnen dabei helfen wird, den Blick auf das Wesentliche zu behalten – auf das, was Führungskräfte und Mitarbeiter wirklich über ihre Prozesse in Beschaffung, Fertigung, Lagerung und Logistik wissen müssen. Zunächst aber gilt es zu klären, was sich eigentlich unter dem Begriff der *Lieferkette* oder *Supply Chain* verbirgt.

1.2 Was versteht man unter einer Lieferkette?

Um die Lieferkette im weiteren Verlauf der Arbeit näher betrachten zu können, sollte klar sein, was damit gemeint ist. Die Begriffe *Supply Chain* und *Lieferkette* werden im weiteren Verlauf synonym verwendet. In der Literatur findet sich teilweise auch der Begriff der *logistischen Kette* oder *Logistikkette*. Deren Schwerpunkt liegt auf den physischen Tätigkeiten der Logistik im engeren Sinne. Der Begriff der *Lieferkette* bzw. *Supply Chain* deckt daneben auch die begleitenden Geld- und Informationsflüsse ab und ist somit wesentlich weiter gefasst.

In der Literatur findet sich hierzu eine Vielzahl von Definitionen, von denen einige nachfolgend exemplarisch aufgeführt sind. Weil der Begriff schwerpunktmäßig in den USA entwickelt und von dort aus verbreitet wurde, ist die Begriffsprägung stark durch Autoren aus dem angelsächsischen Sprachraum beeinflusst.

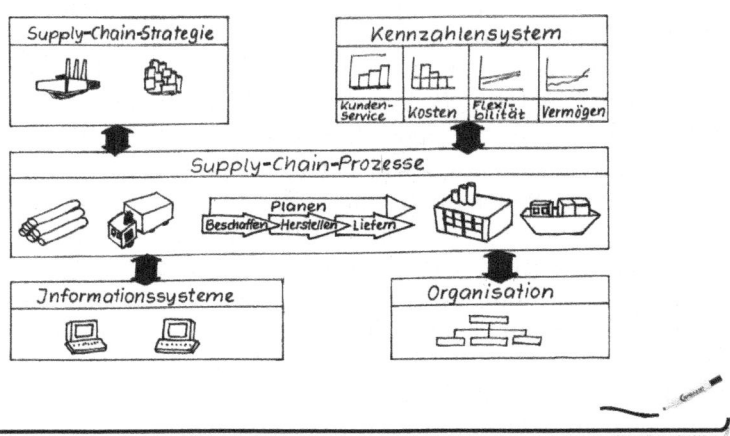

Abb. 1.3:   Typische Elemente von Lieferketten (nach Geimer und
Becker [2001], S. 24)

Das Verständnis der Supply Chain ist von besonderer Bedeutung für diejenigen, die in Maßnahmen zur Durchführung
von Verfahrens- und Systemverbesserungen involviert sind.
Die Definition einer Lieferkette kann weit oder eng gefasst
ausfallen, je nachdem, welche Perspektive man einnimmt. Die
Tendenz geht momentan eher dahin, den Begriff weiter zu fassen. Beispielsweise wurde im Rahmen einer im Jahr 2002 von dem *Council of Supply Chain Management Professionals (CSCMP)* durchgeführten Konferenz der Fokusbereich erweitert und in die vom CSCMP vertretene Definition aufgenommen. Danach kann die Supply Chain beschrieben

Das *Council of Supply Chain Management Professionals (CSCMP)* wurde 1963 als *National Council of Physical Distribution Management (NCPDM)* in den USA gegründet. Später wurde es zunächst in das *Council of Logistics Management (CLM)* und schließlich in *CSCMP* umbenannt. Weiterführende Informationen finden sich auf der Internetseite des CSCMP: http://cscmp.org

werden als *die Gesamtheit aller Aktivitäten, Verfahren usw., die auf ein Produkt vom Anfang bis zum Ende angewendet werden.*

In diesem Sinne beginnt eine Lieferkette etwa mit dem Abbau von Bergbauerzen, also damit, dass Rohstoff aus der Erde entnommen wird. Die Kette zieht sich weiter durch eine Vielzahl von Umwandlungs- und Verteilungsprozessen, die das Produkt zum Endverbraucher liefern. Sie endet mit der abschließenden Beseitigung des Produkts und seiner Rückstände. Nach diesem Verständnis umfasst die Lieferkette jedoch mehr als die physische Bewegung der Güter: Auch Informationen, Geldbewegungen und die Schöpfung und Verbreitung des Kapitals Wissen gehören dazu.

Zusammenfassend bedeutet dies, dass die Lieferkette alle Verfahren entlang des Produktlebenszyklus umfasst, die physikalische, informatorische, finanzielle und wissensbasierte Abläufe zum Bewegen von Produkten und Dienstleistungen (von den Lieferanten hin zu den Endbenutzern) einschließen. Unter Einbeziehung der Prozessseite folgt daraus, dass sich eine Supply Chain aus allen Firmen und Personen zusammensetzt, die in die Entwicklung, Produktion und Lieferung eines Produkts oder einer Dienstleistung eingebunden sind.

> Der *Produktlebenszyklus* beinhaltet die wesentlichen Stufen von der Rohstoffgewinnung über die Produktion bis hin zur Wiederverwertung. Über den Lebenszyklus hinweg sind ständig Änderungen und Verbesserungen durchzuführen, die einen dauerhaften Erfolg am Markt erst möglich machen (siehe Wöhe [2008], S. 1010 ff.).

1.2.1 Der Begriff der Supply Chain

Die Definitionen, die in der wissenschaftlichen und anwendungsorientierten Literatur der letzten Jahrzehnte zu finden sind, beinhalten die gesamte Spannweite an Perspektiven – von

einer sehr engen bis hin zu einer sehr weit gefassten Begriffsabgrenzung. Obwohl sich das Spektrum der Lieferkette in den
vergangenen Jahren deutlich erweitert hat, finden sich auch
heute noch enger gefasste bzw. schwerpunktbezogene Definitionen. Die folgenden Ausführungen geben einen Überblick über
die verschiedenen Definitionsansätze. Deren Verständnis ist
die Voraussetzung dafür, die Ansätze zum Management der
Supply Chain nachzuvollziehen.

Zunächst lassen sich die Definitionen danach unterscheiden,
von welcher Seite aus – der Kunden- oder Lieferantenseite –
die Lieferkette betrachtet wird. Im *lieferantenzentrierten Ansatz* ist die Lieferkette ein Netzwerk von Lieferanten, das Güter
herstellt. Sie tauschen diese Güter sowohl gegenseitig als auch
mit weiteren Parteien aus. Die Güter kommen vom Lieferanten
und erreichen schlussendlich den Zielkunden. Auf diesem Weg
durchlaufen sie oftmals Zwischenhändler und weiterverarbei-
tende Betriebe.

> Ein guter Überblick zum kunden-
> und lieferantenzentrierten Ansatz
> findet sich z. B. bei Chopra und
> Meindl (2006).

Im Gegensatz dazu steht der
kundenzentrierte Ansatz, der
davon ausgeht, dass eine Lieferkette aus allen Stufen be-
steht, die erforderlich und (direkt oder indirekt) involviert sind,
um eine Kundenanfrage zu erfüllen. Der Fokus liegt in diesem
Fall speziell auf den Transportunternehmen, Lagerhäusern,
Händlern und den eigentlichen Kunden.

Die Verbindung der beiden Ansätze führt zu einer übergeordneten Definition, wonach eine Supply Chain als *die systematische Abstimmung aller erforderlichen Parteien* gesehen
wird, um den Markt mit Produkten und Dienstleistungen zu
versorgen.

Diese übergreifende Sichtweise lässt sich weiterhin auf eine
globale Ebene heben und in den Kontext eines globalen Orga-
nisationsverbunds setzen. In diesem Sinne ist eine Lieferkette
ein globales Netzwerk von Organisationen, die zusammenarbeiten, um den Material- und Informationsfluss zwischen Lie-

feranten und Kunden zu verbessern. Das operative Ziel sind niedrigstmögliche Kosten und größtmögliche Geschwindigkeit. Das ultimative Ziel ist die Befriedigung der Kundenbedürfnisse. Der Materialfluss ist vorwärtsgerichtet (d. h. von den Lieferanten zu den Kunden), der Zahlungsfluss dagegen rückwärts (von den Kunden zu den Lieferanten).

Zur Betrachtung der Lieferkette aus dem Blickwinkel der Material- und Informationsflüsse siehe etwa Bolstorff u. a. (2007) oder Govil und Proth (2002).

Ferner fließen Informationen von Kunden zu Händlern, Fertigungsunternehmen, Logistikdienstleistern und Rohmaterialanbietern. Material fließt von Rohmaterial- oder Komponentenlieferanten zu Kunden. Sowohl für Material- als auch für Informationsflüsse gilt, dass der Prozess unter den Supply-Chain-Partnern koordiniert sein muss. Dies bedeutet, dass eine Koordination in beide Richtungen – vorwärts und rückwärts – erforderlich ist.

Der Ansatz kann weiterhin nach dem Angebots- und Nachfrageaspekt unterschieden werden. Eine Lieferkette hat dann den primären Zweck, Produkte und Dienstleistungen von den Lieferanten zu den Verbrauchern (z. B. Organisationen, Geschäfte, Einzelpersonen) zu bringen. Die Tätigkeiten innerhalb der Lieferkette verändern sich je nach Produkt und Art der Nachfrage. Es lässt sich aber eine Reihe von allgemeingültigen wertschöpfenden Tätigkeiten identifizieren:

- Produzieren: Herstellen von Materialien, Bauteilen etc.
- Kombinieren: Zusammenbauen, verpacken etc.
- Bewegen: Verteilen, sammeln etc.
- Lagern: Einlagern, auslagern etc.
- Anpassen: Installieren, konfigurieren etc.

Beim früher vorherrschenden *Angebotsdruck-Ansatz* werden in den verschiedenen Stufen der Lieferkette Halbfertig- und Fertigprodukte hergestellt und eingelagert, bis sie aufgrund von Kundenbestellungen an die nächste Stufe in der Lieferkette verkauft und geliefert werden können. Daraus resultieren häufig lange Lieferzeiten und hohe Lagerbestände. Im Gegensatz dazu ist der *Nachfragesog-Ansatz* dadurch gekennzeichnet, dass der Kunde entscheidet, ein bestimmtes Produkt zu kaufen, wobei er seine genauen Anforderungen an Artikel und Lieferzeit angibt. Auf dieser Basis wird die benötigte Ressourcenmenge beschafft. Der Produktions- und Distributionsprozess soll zu einer bezüglich Qualität, Zeit, Ort usw. möglichst genau den Kundenwünschen entsprechenden Lieferung führen (siehe z. B. Burmann u. a. [2007], S. 593 ff.).

Die nachfrageseitige Lieferkette, die auch als *Nachfragekette* oder *Demand Chain* bezeichnet wird, fokussiert auf die Marktnachfrage gegenüber Lieferanten. Die ausdrückliche Berücksichtigung des Bedarfs verdeutlicht, dass eine solche Lieferkette quasi von den Kunden getrieben wird. Dafür wird zum Teil auch der Begriff der *Steuerung mittels Nachfragesog* verwendet (im Gegensatz zum *Angebotsdruck-Ansatz*).

Genauso wie ein Lieferant eine Vielzahl verschiedener Lieferketten haben kann, die er steuern muss, hat der Kunde eines Lieferanten eigene, abgegrenzte Nachfrageketten, die einzeln analysiert werden können. Die Nachfragekette übersetzt ein Kundenziel in Informationen, die der Lieferant als Handlungsanweisung benutzen kann. Sie wird in diesem Sinne durch einen Entscheidungsprozess bestimmt, der wiederum durch vier allgemeingültige Schritte gekennzeichnet ist: Am Anfang steht die Definition des Zwecks der Nachfragekette. Im zweiten Schritt erfolgt die Planung, z. B. in Gestalt eines Kategorienplans. Der dritte Schritt umfasst die Steuerung von Verbrauch und Anforderungen, z. B. innerhalb der Bestandsverwaltung. Im Mittelpunkt des letzten Schritts schließlich stehen die Einkaufstransaktionen, z. B. der Abrufauftrag zu einem Rahmenvertrag.

Ein anderer Ansatz ist die organisationsbezogene Betrachtung der Supply Chain. Danach ist die Lieferkette eine Aneinanderreihung von Organisationseinheiten innerhalb eines Unternehmens sowie in anderen Unternehmen (intra- und interorganisational), die Güter und Dienstleistungen für Kunden produzieren und an diese liefern. Sie umfasst Tätigkeiten wie die Materialbeschaffung, Produktionsplanung und Distribution.

> Die organisationsbezogene Sichtweise stellen Bovet und Martha (2001) gut nachvollziehbar dar.

Die Tätigkeiten werden von den erforderlichen Informationsflüssen unterstützt. Einkauf, Fertigung, Lagerverwaltung, Lagerhaltung und Transport werden üblicherweise als ein Teil der Lieferketten-Organisation angesehen; Marketing, Vertrieb, Finanzbuchhaltung und strategische Planung hingegen nicht. Produktentwicklung, Absatzplanung, Auftragserfassung, Kundendienst und die Betriebsbuchhaltung sind nicht eindeutig zugeordnet: Zwar gehören sie eindeutig den Supply-Chain-Prozessen an, sind aber nur selten Teil der Supply-Chain-Organisation (siehe Abbildung 1.4).

Kombiniert man nun die prozess- und organisationsseitige Sichtweise, so umfasst die Lieferkette alle Organisationen und Prozesse, die für die Beschaffung, Lagerung und den Absatz von Rohmaterialien, Halbfabrikaten und Fertigprodukten erforderlich sind. Der Materialfluss wird durch physikalische, monetäre und informationsseitige Prozesse verbunden.

Die bisher vorgestellten Ansätze gingen von einer einstufigen Sichtweise auf die Supply Chain aus. Eine weitergehende Unterscheidung ist anhand einer Aufteilung in verschiedene Stufen möglich. Demnach ist eine Lieferkette eine Aneinanderreihung von Lieferanten und Kunden, die an einem Ende mit einem Rohmaterial beginnt und am anderen Ende ein fertiges Produkt an den Endkunden liefert.

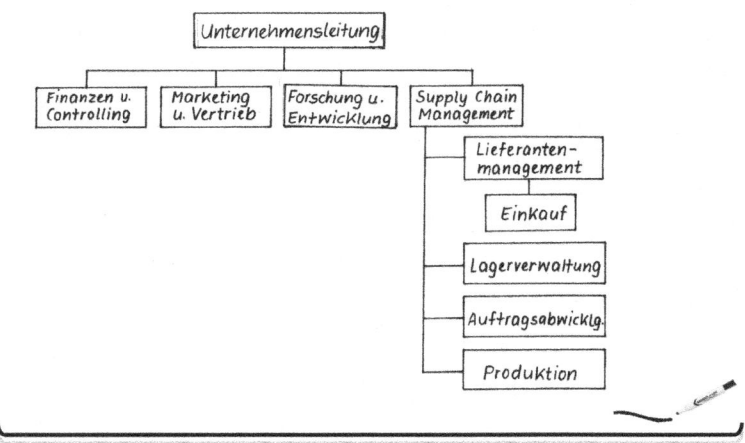

Abb. 1.4:   Beispiel einer Supply-Chain-Organisation (nach Cohen und Roussel [2007], S. 125)

Eine einstufige Lieferkette bildet lediglich die direkten Kunden und Lieferanten ab, wohingegen eine mehrstufige Lieferkette bis hin zu den Rohmateriallieferanten auf der einen und der Beseitigung abgenutzter Endprodukte auf der anderen Seite reichen kann. Mit zunehmender Zahl von Stufen steigt die Komplexität überproportional an. Die meisten Unternehmen haben weder Mittel noch Ressourcen, das gesamte Liefernetzwerk zu überwachen, und beschränken sich deshalb auf eine oder zwei Stufen. Neben den Stufen müssen außerdem die Komponenten berücksichtigt und abgebildet werden, die durch die Lieferketten fließen: Güter und Dienstleistungen in die eine, Zahlungen in die andere und Informationen in beide Richtungen.

Die darin gespiegelte Auffassung eines Informationsflusses in beide Richtungen repräsentiert die Realität weit besser als der früher beschriebene Fluss von Informationen in nur eine Richtung. Aktuelle Ansätze, z. B. das *Konzept der gemein-*

Das *Konzept der gemeinschaftlichen Planung, Prognose und Wiederauffüllung* oder *Collaborative Planning, Forecasting and Replenishment (CPFR)* ermöglicht den Käufern und Verkäufern eine unternehmensübergreifende Zusammenarbeit für Bedarfs- und Absatzprognosen. Darüber hinaus beinhaltet es eine regelmäßige Aktualisierung von Plänen, welche auf einem dynamischen Austausch von Informationen basiert und optimale Lagerbestände der Kunden und reduzierten Bestand beim Lieferanten zum Ziel hat (siehe dazu etwa Handfield und Nichols [2002], S. 298 f.).

schaftlichen Planung, Prognose und Wiederauffüllung bzw. *Collaborative Planning, Forecasting and Replenishment (CPFR)*, basieren auf einem Informationsfluss in beide Richtungen.

Als weiteres Kriterium kann der Entscheidungsaspekt in die Beschreibung von Lieferketten einfließen. Innerhalb einer Lieferkette mit einer verhältnismäßig großen Zahl von Supply-Chain-Partnern ist eine Vielzahl von Entscheidungen zu treffen, die sich üblicherweise auf Investitionen, Strategien zur Koordination und Kooperation mit Partnern, Kundenservice, Gewinnmaximierungsstrategien etc. beziehen. Einige dieser Entscheidungen haben weitreichende Einflüsse auf die Lieferkette und sind komplexer Natur, weil mit zunehmender Marktdynamik auch die Unsicherheit über die Auswirkungen wächst und zahlreiche Variablen berücksichtigt werden müssen. Die daraus resultierende Lieferkette wird manchmal auch als *marktgetriebene Supply Chain* bezeichnet.

Bezieht man die betrieblichen Funktionsbereiche und die damit verbundenen Haupttätigkeiten ein, kommt man zu einer funktionalen Beschreibung der Lieferkette. Dabei lassen sich die folgenden fünf Haupttätigkeiten innerhalb einer Lieferkette identifizieren:

- Die *Kauftätigkeit* schließt den Erwerb von Rohstoffen, Bauteilen, Ressourcen und Diensten ein.

- Die *Herstellungstätigkeit* betrifft die Schaffung von Produkten oder Diensten ebenso wie die erforderliche Sicherstellung von Wartung und Reparatur der Ressourcen sowie die Ausbildung von Mitarbeitern – in Summe also die Durchführung aller Aufgaben, die zur Produktion notwendig sind.
- Die *Bewegungstätigkeit* beinhaltet die Beförderung von Materialien und Personal innerhalb und außerhalb der Lieferkette.
- Die *Lagertätigkeit* betrifft die Produkte, die sich gerade in Arbeit befinden (Work in Process, abgekürzt WIP), sowie Rohstoffe, während diese auf die Beförderung oder Umgestaltung warten, und die Endprodukte, bevor sie zum Kunden geschickt werden.
- Die *Verkaufstätigkeit* bezieht alle marktorientierten Tätigkeiten ein, einschließlich Marketing und Vertrieb.

Die Einbeziehung der funktionsbereichsbezogenen Tätigkeiten markiert den Übergang von einer statischen zu einer dynamischen Betrachtungsweise der Lieferkette.

Die bereits angesprochenen Flüsse von Material, Zahlungen und Informationen wurden bislang als linear und gekoppelt angesehen. Durch die Einführung des Internets und die damit verbundene Beschleunigung der Informationsflüsse sind diese Flüsse zu einem gewissen Grad voneinander entkoppelt worden, und Informationen fließen weitgehend unabhängig vom Material- und Zahlungsfluss.

Zur „Durchdringung" von Lieferketten durch das Internet und zu deren Implikationen siehe z. B. Coppe und Duffy (1998) oder Wannenwetsch (2009).

Dadurch haben sich die Lieferketten im traditionellen Sinne in vernetzte Supply Chains weiterentwickelt, welche die Partner innerhalb des Netzwerks mit den am besten geeigneten Komponenten, Technologien und Kundenleistungen verbinden. Die Netzwerke sind darüber hinaus dynamischer Natur und ermöglichen es, die Partner innerhalb der Lieferkette nach bestimmten Kriterien einzubinden

Die *Wertschöpfung* im Sinne des Ertrags wirtschaftlicher Tätigkeit ist das originäre Ziel produktiver Tätigkeiten in Unternehmen. Sie bemisst sich als Differenz zwischen der Leistung einer Wirtschaftseinheit und den zur Leistungserstellung verbrauchten Vorleistungen. Es besteht in der Regel die Erwartung, dass der geschaffene Mehrwert *(value added)* zu höheren Einnahmen eines Unternehmens führt (ausgenommen sind nicht gewinnorientierte Organisationen). Die Wertschöpfung umfasst dabei nicht nur die Steigerung monetärer, sondern auch nicht monetärer Werte, welche die Unternehmensleitung, die Mitarbeiter und die Anteilseigner für erstrebenswert halten. Insofern resultiert Wertschöpfung nicht nur aus einer verbesserten bzw. erhöhten Wirtschaftlichkeit (der Erträge im Verhältnis zum Aufwand bzw. der Leistung im Verhältnis zu den Kosten), sondern auch aus der verbesserten Effektivität und höheren Effizienz der betrieblichen Prozesse (siehe etwa Seibt [2006], S. 659 f.).

oder auszuschließen (etwa Kundenpräferenzen, Technologievorteile oder Produktlebenszyklus).

Diese dynamischen Lieferketten treiben unter anderem die Entwicklung neuer Geschäftsstrategien voran, in denen die Einbindung von Kunden, Auslagerung von Geschäftsfunktionen, Kooperation mit Kunden und Lieferanten und Lagerverwaltung im Mittelpunkt stehen. Traditionelle lineare Supply Chains werden so zu dynamischen Netzwerken.

Ein weiteres integrales Element solcher Lieferketten ist ihr wertschöpfender Charakter *(value added)*. Demnach ist die Supply Chain ein Netzwerk von Organisationen, die vorwärts- und rückwärtsgerichtet miteinander verknüpft sind, um innerhalb verschiedener Prozesse und Tätigkeiten Wert zu schaffen. Dieser Wert wird durch Produkte und Dienstleistungen reflektiert, die an Endverbraucher geliefert werden. Die Wertgenerierung ist sowohl in unternehmensinterner als auch -übergreifender Hinsicht zu sehen.

Der Zusammenhang zwischen der Wertschöpfung und der Unternehmensstrategie lässt sich etwa folgendermaßen zusammenfassen (nach Normann und Ramirez [2000], S. 186):

Strategie ist die Kunst, Wert zu schaffen. Sie liefert den gedanklichen Rahmen, die Konzepte und Modelle und das Regelwerk, welche es Führungskräften ermöglichen sollen, Möglichkeiten zu identifizieren, die einen Wertbeitrag für die Kunden leisten und dabei einen Gewinn für die eigene Organisation sicherstellen können. In diesem Sinne definiert die Unternehmensstrategie die Art und Weise, wie ein Unternehmen am Markt auftritt und mit Wettbewerbern konkurriert.

Um die Supply-Chain-Strategie festzusetzen, ist zunächst die gewünschte Wertschöpfung zu klären. Dabei gilt es, Fragen zu beantworten wie: Mit welchen Produkten und Dienstleistungen tritt das Unternehmen in den Wettbewerb? Bietet es ein Standardprodukt in einer Ausführung für alle Kunden oder kundenindividuelle Serienprodukte an? Welche Stückzahlen strebt es an (wenige, viele)? Bietet es nur ein Produkt oder auch zusätzliche Serviceleistungen, etwa die Lagernachfüllung beim Kunden, an? Wie weit reicht die Fertigungstiefe?

Ein Ansatz, der den Aspekt der Wertschöpfung in Beziehung zur Lieferkette setzt, ist das von Michael Porter entwickelte Konzept der *Wertschöpfungskette* oder kurz *Wertkette* (*Value Chain*). Unter Berücksichtigung der Wertschöpfung können schließlich auch Aspekte der Informationstechnologie einbezogen werden, um eine Lieferkette zu operationalisieren. Das Resultat ist ein sogenanntes *Wertnetz* oder *Value*

Für Informationen zur *Wertkette* bzw. *Wertschöpfungskette (Value Chain)* sind insbesondere die Bücher von Porter (2008 und 2000) zu empfehlen. Das Konzept des *Wertnetzes* ist anschaulich bei Bovet und Martha (2001) und Wannenwetsch (2005) dargestellt. Zur Erlangung von Wettbewerbsvorteilen durch Informationstechnologie siehe z. B. Porter und Millar (1988).

Net. Ein Wertnetz ist demgemäß ein Geschäftsentwurf, der digitale Supply-Chain-Konzepte benutzt, um sowohl hohe Kundenzufriedenheit als auch maximale Rentabilität sicherzustellen. Das Wertnetz ist vorrangig auf die Wettbewerbsfaktoren Zeit und Flexibilität ausgerichtet und hat damit das Hauptziel, schnell und flexibel auf Kundenanforderungen reagieren zu können.

> Das *Strategische Dreieck* umfasst drei entscheidende Faktoren im Wettbewerb: die Kosten, Zeit und Qualität. Beim neueren *Strategischen Viereck* kommt als weiterer Faktor die Flexibilität hinzu.

Die besonderen Kennzeichen eines Wertnetzes lassen sich wie folgt beschreiben und machen den Unterschied gegenüber einem traditionellen Geschäftsentwurf deutlich. Das Wertnetz

- ist auf den Kunden ausgerichtet,
- beruht auf Zusammenarbeit und Ganzheitlichkeit (ist holistisch),
- ist beweglich und skalierbar,
- verfügt über schnelle Material-, Informations- und Zahlungsflüsse,
- stützt sich auf Informationstechnologie.

Der Begriff des Wertnetzes geht damit über den der Lieferkette hinaus. Das Wertnetz setzt dessen Gegebenheiten voraus und fokussiert explizit darauf, für alle involvierten Parteien Wert zu generieren (Unternehmen, Kunden und Lieferanten). Zwar ist es zum größten Teil noch ein statisches System, doch die darin (bilateral) fließenden Informationen werden häufig bereits durch moderne IT-Systeme unterstützt.

Die bisher dargestellten Ansätze gehen davon aus, dass die Teilnehmer in der Lieferkette physische Partner (Unternehmen, Personen etc.) sind. Eine relativ neue Entwicklung ist der Aufbau sogenannter *virtueller Netzwerke*, bei denen das Konstrukt der *virtuellen Unternehmung* im Mittelpunkt steht, also die temporäre Verschmelzung von *Kernkompetenzen* der beteiligten Unternehmen. Das resultierende Gebilde tritt dem

Der *Kernkompetenz-Ansatz* stellt einen Bezugsrahmen her, um die speziellen Stärken und Schwächen einer Organisation zu analysieren. Er geht davon aus, dass es ganz bestimmte Kernkompetenzen gibt, die einen Wettbewerbsvorteil ausmachen. Diese Kernkompetenzen können Ressourcen, Fähigkeiten oder allgemeine Aktivposten in der Bilanz (Aktiva) sein. Ein Unternehmen muss die Märkte suchen, in denen es auf Basis dieser Kernkompetenzen die höchsten Renditen erzielen kann (siehe dazu Prahalad und Hamel [1990]).
Für weiterführende Informationen zu *virtuellen Netzwerken* und zur *virtuellen Unternehmung* sind z. B. Haase (2007) sowie Kuhn und Hellingrath (2002) hervorzuheben.

Kunden gegenüber als eine Einheit auf. Nach innen besitzt eine virtuelle Unternehmung jedoch keine juristischen und aufbauorganisatorischen Verzahnungen. Das bisher bekannte lineare und physische Supply-Chain-Modell hat sich demgemäß verschoben, wie in Abbildung 1.5 dargestellt.

Die Umgestaltung reicht über die physischen Grenzen eines Marktplatzes hinaus und in die globale und sich schnell weiterentwickelnde digitale Wirtschaft hinein. Mit der Einführung des Internets und der neuen Rolle der Technologie als Katalysator für neue Strategien sehen sich Unternehmen gleichzeitig auch mit neuen strategischen Herausforderungen konfrontiert: Während in der Vergangenheit Geschäftsstrategien die Informationstechnologie getrieben haben, kann IT heute dazu genutzt werden, neue Geschäftsmodelle erst möglich zu machen.

Der Echtzeit-Informationsaustausch und das interaktive Leistungsvermögen des Internets haben die Geschäftsumwelt dahingehend verändert, dass nun sowohl Kunden als auch andere Unternehmen einen besseren Zugriff auf alternative Produkte und Dienstleistungen haben. Dadurch haben sich neue Absatzkanäle etabliert, die neue Möglichkeiten bieten, die Wertschöpfung zu optimieren und Interaktionen gleichzeitig transparenter werden zu lassen. Die Gewinner in diesen virtuellen Wertnetzen werden diejenigen sein, die schnelleren Zugriff auf Informationen und Ressourcen haben und gleichzeitig

die passenden Wettbewerbs- und Lieferketten-Strategien daraus ableiten können. Dadurch hat sich der traditionelle, physische Verbund zu einem virtuellen Verbund entwickelt, in dem
es eine größere Zahl an möglichen Partnern gibt, die Informationen untereinander austauschen.

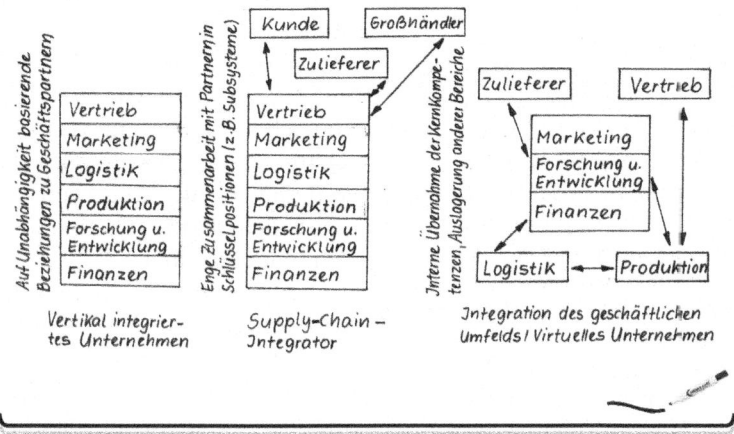

Abb. 1.5:   Entwicklung virtueller Unternehmensstrukturen (nach
Walther und Bund [2001], S. 37)

Das virtuelle Wertnetz repräsentiert in diesem Sinne eine
Aneinanderreihung von Marktpartnern, die als virtuelle Einheit
zusammenarbeiten, wobei jeder sozusagen einen Bestandteil
des Werts hinzufügt. Die wertstiftenden Tätigkeiten verlaufen
ausgehend von der Angebotsseite in Gestalt der Rohstoffe, der
Eingangslogistik und Produktionsverfahren bis hin zur Nachfrageseite in Gestalt der Ausgangslogistik, des Marketings und
Vertriebs. Michael Dell, der Gründer des Computerherstellers
DELL, hat sinngemäß ein virtuell integriertes Unternehmen als
eine Organisation bezeichnet, die nicht durch physische Ver-

mögensgegenstände, sondern vielmehr durch Informationen bzw. Informationstechnologie vernetzt ist.

Eine wegen der ausgesprochenen Prozessorientierung besonders gut passende Beschreibung des *E-Business* lautet wie folgt (siehe Seibt [2001], S. 11): *Ein Unternehmen betreibt dann Electronic Business, wenn mehrere bis alle Geschäftsprozesse innerhalb des Unternehmens, zwischen ihm und seinen Geschäftspartnern oder zwischen ihm und Dritten (z. B. Behörden) ganz oder teilweise über elektronische Kommunikationsnetze realisiert und durch den Einsatz von Informations- und Kommunikationstechnik-(I&K-Technik-)Systemen unterstützt werden.*
Ein ausgezeichneter Überblick zu den relevanten Aspekten des *Electronic Business* und verwandten Konzepten, etwa dem *Electronic Commerce*, findet sich bei Schäfer (2002). Für weiterführende Informationen zum *Electronic Supply Chain Management (E-SCM)* sind z. B. Hillek (2001), Ross (2003) oder Wannenwetsch und Nicolai (2004) zu empfehlen.

Konsequent weitergedacht, ist die Supply Chain der Bestandteil eines übergeordneten und übergreifenden *Electronic-Business-Konzepts*. Von dem E-Business zu unterscheiden ist der verwandte Begriff des *Electronic Commerce (E-Commerce)*, der allgemein die elektronische Abwicklung des Geschäftsverkehrs bezeichnet. Es ist damit ebenfalls ein Teil des E-Business-Konzepts und diesem untergeordnet.

Der speziell die Lieferkette betreffende Bereich des E-Business-Konzepts wird auch als *Electronic Supply Chain Management (E-SCM)* bezeichnet. E-SCM repräsentiert in diesem Sinne die taktischen und operativen Komponenten einer Unternehmensstrategie, die in erster Linie darauf abzielen, die gemeinsamen Produktionskapazitäten und -ressourcen von sich überschneidenden Supply-Chain-Systemen mittels Internet-Technologien zu verknüpfen. Das vorrangige Ziel ist es dabei, Kundennutzen zu schaffen.

Der Hauptunterschied zum „herkömmlichen" Management der Liefer- bzw. Wertkette liegt darin, dass beim E-SCM die Internet-Technologie eingesetzt wird, um die optimale Abwicklung von Geschäftsprozessen zu unterstützen.

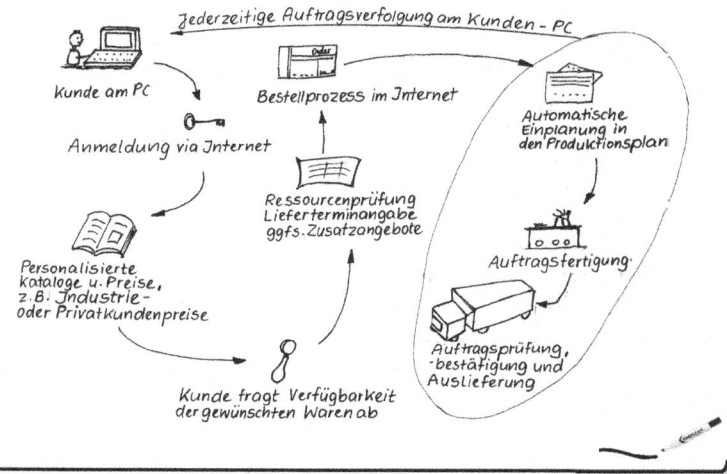

Abb. 1.6: Beispiel zur praktischen Umsetzung des Electronic-Business-Konzepts im SCM

1.2.2 Arten und Ausprägungen von Lieferketten

Die beschriebenen Definitionen zielten auf verschiedene Eigenschaften von Lieferketten ab. Darauf aufbauend lassen sich verschiedene Kategorisierungen vornehmen, die wir im Folgenden näher betrachten werden.

Eine Möglichkeit liegt darin zu unterscheiden, ob die Lieferkette vornehmlich auf das Produkt oder den Zielkunden ausgerichtet ist. Daraus ergibt sich eine Unterscheidung in zwei Kategorien:

• *Produktzentrierte Supply Chains* sind Lieferketten, die auf ganz spezielle Produkte zugeschnitten sind. Diese spezielle Ausrichtung kann dazu führen, dass für mehrere Produktangebote gesonderte Lieferketten eingerichtet werden müssen.

- *Kundenzentrierte Supply Chains* sind dagegen auf spezielle Marktsegmente zugeschnitten. Das Ergebnis können einzelne oder eine Vielzahl von Lieferketten sein, die um Marktsegmente herum organisiert sind.

Eine weitere Unterscheidung kann über die Geschäftsstrategie und die damit verbundenen Geschäftsanforderungen erfolgen (siehe Hughes u. a. [1998], S. 4 f.).:

- *Unmittelbare, offene Konkurrenz:* Hierbei dominieren Konkurrenzangebote und Ausschreibungen. Es wird nachdrücklich ein intensiver Handel verfolgt.
- *Handel von Massengütern:* Unabhängiger Handel, forciert durch die Notwendigkeit des Geschäftsabschlusses. Es wird vor allem darauf abgezielt, die Schwankungsbreiten von Massenwaren zu steuern.
- *Schlanke Lieferketten und Systemintegration:* Kostenminimierung und schrittweise Umgestaltung der Kostenstruktur. Einer effizienten Kooperation kommt eine hohe Bedeutung zu, nicht so sehr den Einsparungen, die zu Ressourcen-Engpässen führen können.
- *Konkurrierende Konstellationen von verknüpften Firmen:* Marktführer verbünden sich mit den besten Marktpartnern. Dabei kommt es in erster Linie auf Leistungsvermögen, Fähigkeiten und organisationskulturelle Vereinbarkeit an.
- *Ineinandergreifende Netzwerkversorgung zwischen Wettbewerbern:* Zusammenschluss zur schrittweisen Abwicklung von Geschäften. Angestrebt wird eine Vereinigung dort, wo geringe Wettbewerbsvorteile bestehen, mit dem Ziel, Synergien zu nutzen.
- *Anlagegüter kontrollieren das Angebot, Marktführerschaft ist das Ziel:* Kontrolle über die Vermögenswerte erlangen und diese gezielt einsetzen. Oberste Priorität hat die richtige Nutzung der Wettbewerbsinstrumente in der Ausschreibungsphase.

- *Partnerschaften zum Wohl des Kunden:* Vertrauen, Offenheit und Aufteilung der durchzuführenden Arbeiten. Nachdruck liegt auf der Schaffung von Mehrwert vom Lieferanten hin zum Kunden (vorwärtsgerichtet in der Lieferkette) und der Einbeziehung und Stärkung der Kundenzufriedenheit seitens des Lieferanten (rückwärtsgerichtet in der Lieferkette).
- *Virtuelles Angebot – keine Produktion, nur Kunden:* Geringe Fixkosten durch Auslagerung der Produktion. An erster Stelle stehen die Marketing- und Distributionsfähigkeiten.

Die Betrachtung des primären Fokusbereiches der Supply Chain bietet eine weitere Möglichkeit zur Kategorisierung. Dabei kann nach der wettbewerbsstrategischen, Distributions-, Materialfluss-, Arbeitsablauf- und Informationsfluss-Perspektive unterschieden werden.

Bei der Fokussierung auf die Distribution wird davon ausgegangen, dass die Lieferkette den physischen Verlauf eines Produkts durch eine Reihe von Betriebsanlagen und -einrichtungen bezeichnet, die durch einen Transportverbund verknüpft werden. Zu diesen Einrichtungen und Anlagen gehören Fabriken, Lagerhäuser, Vertriebszentren, Fuhrparks und Verteilzentren. Das primäre Ziel ist es, die Logistikkosten zu minimieren.

In der Materialfluss-Sichtweise besteht die Lieferkette aus den einzelnen Organisationen, die daran beteiligt sind, Materialien einzukaufen, umzuwandeln und zu verkaufen. Im Mittelpunkt steht das Material, dessen Beschaffung, Beförderung, Be- und Verarbeitung. Das Ziel sind niedrige Kosten in den erfolgsrelevanten Funktionsbereichen.

Die Ausrichtung auf die Arbeitsabläufe geht von einer vordefinierten Abfolge von Aktivitäten innerhalb einer Organisation aus. Der Arbeitsablauf unterstützt eine operativ-technische Sicht auf die Prozesse und liefert Informationen zu Faktoren wie Kosten und Erlösen. Das vorrangige Ziel liegt folglich darin, die Abläufe möglichst effizient abzuwickeln.

In der Informationsfluss-Perspektive repräsentiert der Fluss von Informationen zwischen den diversen Parteien den hauptsächlichen Integrationsfaktor. Eine integrierte Lieferkette verfügt in diesem Sinne über eine gemeinsame Informationsbasis sowie die Mechanismen, diese Informationen unter den Teilnehmern auszutauschen. Das Ziel können effiziente Informationsprozesse, aber auch Differenzierungsvorteile sein.

Aus der wettbewerbsstrategischen Perspektive stellt eine Lieferkette die Aneinanderreihung von Ressourcen dar, die dazu benutzt werden, die Positionierung eines Produkts auf dem Markt im Hinblick auf die Kombination von Zielkunden, Preisberechnung und Verkaufsmaßnahmen zu unterstützen. Der primäre Zweck ist es, die Handelsspanne beim Produktumsatz zu verbessern.

Auch wenn der Schwerpunkt unterschiedlich gelagert sein kann, setzt sich immer mehr der Gedanke einer integrierten Sichtweise durch, welche die Geschäftsprozesse, die Material- und Informationsflüsse und die Arbeitsabläufe gemeinsam betrachtet und optimiert. Sie ist Gegenstand des zweiten Kapitels.

Für detaillierte Erläuterungen zu den *Wettbewerbsstrategie-Alternativen* nach Michael Porter sind die Originalausgaben in der deutschen Übersetzung besonders zu empfehlen (Porter [2008] und Porter [2000]). Die drei Alternativen lassen sich kurz wie folgt charakterisieren: *Umfassende Kostenführerschaft* ist eine Strategie, die auf den Wettbewerbsvorteil niedrigster Kosten im Vergleich zur Konkurrenz fokussiert; *Differenzierung* zielt darauf, mindestens ein in der ganzen Branche einzigartiges Leistungsmerkmal zu schaffen. Bei der *Konzentration auf Schwerpunkte* geht es darum, dass sich ein Anbieter auf ein Marktsegment bzw. auf eine bestimmte Nachfragegruppe fokussiert. Die grundsätzliche Annahme ist, dass ein Anbieter nur erfolgreich sein kann, wenn er sich auf einen der drei grundlegenden Strategietypen und die daraus resultierenden Wettbewerbsvorteile konzentriert. Andernfalls läuft das Unternehmen Gefahr, bildlich gesprochen „zwischen den Stühlen" zu sitzen („stuck in the middle"); siehe z. B. Bickhoff (2008), S. 50.

1.3 Wie hat sich das Supply Chain Management entwickelt?

1.3.1 Von der Logistik zum fortschrittlichen Planungssystem

Die Rolle des Supply Chain Managements innerhalb einer Organisation hat sich über die letzten drei bis vier Jahrzehnte hinweg beträchtlich verändert. In den 1970er-Jahren war es hauptsächlich als Logistik bekannt und beschränkte sich auf die Integration von Lagerung und Beförderung innerhalb des Unternehmens. Damals lagen die Zinssätze in den meisten Ländern im zweistelligen Bereich und zwangen Unternehmen, dem Einsatz ihres Kapitals besondere Aufmerksamkeit zu schenken. Für Logistik-Führungskräfte stand hauptsächlich die Frage im Mittelpunkt, wie sie interne Änderungen durchführen konnten, um die Lagerbestände und Logistikkosten zu verringern. Selbst Bemühungen, Fertigungs- und Lieferdurchlaufzeiten und folglich Sicherheitsbestände zu reduzieren, wurden unternehmensintern ausgerichtet, da Durchlaufzeiten hauptsächlich als Eingangsinformationen für den Prognose- und Beschaffungsprozess angesehen wurden.

In den 1980er-Jahren verschob sich der Fokus hin zur Neuausrichtung der Kostenstrukturen innerhalb der Lieferkette. Die Aufmerksamkeit lag nun darauf, die Verfahren der Lieferkette zu integrieren, um dadurch die Betriebskosten und den Kapitaleinsatz zu verringern. Gegen Ende der 1980er-Jahre schließlich verlagerten sich die Ziele und Aktivitäten des Supply Chain Managements von der Kostensenkung hin zur Verbesserung des Kundenservice. Die Vorteile, die man durch eine Verbesserung der Leistung anstrebte, umfassten ein höheres Umsatzwachstum und höhere Rentabilität, in erster Linie bedingt durch einen größeren Marktanteil und Preisgestaltungsvorteile gegenüber dem Wettbewerb, was sich in Form höherer

Margen niederschlägt. Während der frühen 1990er-Jahre verstärkte sich das Interesse daran, den Kundenservice zu verbessern. Ebenso fasste man nun das Unternehmenswachstum, das in vielen Firmen lange als die Verantwortung von Produktentwicklung, Marketing und Vertrieb angesehen worden war, auch als ein Ziel des Supply Chain Managements auf.

Im aktuellen Jahrzehnt hält eine neue Änderungswelle im Bereich des Supply Chain Managements in vielen Unternehmen Einzug: die Entwicklung des strategischen Managements der Lieferkette. Entgegen der traditionellen Sichtweise, in der es nur ein Teil der operativen Zieldefinition war, hat das SCM dadurch eine strategische Funktion erlangt, in der es unmittelbar zum Unternehmenserfolg beiträgt. Gleichzeitig ist es zu einem zentralen Bestandteil der Unternehmensstrategie geworden. Mehr und mehr setzt sich der Standpunkt durch, dass das Supply Chain Management die Geschäftsstrategie vieler Unternehmen sowohl bestimmt als auch überhaupt erst ermöglicht. Anders gesagt: SCM ist gleichzeitig die Voraussetzung dafür, die jeweilige Geschäftsstrategie erfolgreich umzusetzen, und determinierender Faktor, um sie zu bestimmen.

Das Supply Chain Management war außerdem zunächst stark darauf konzentriert, die angebotsseitigen Prozesse zu verbessern. Dabei übersah man jedoch, dass sich eine Lieferkette nur dann optimal steuern lässt, wenn die grundlegende Verbindung zwischen Angebot und Nachfrage klar ist – und die daraus resultierenden Auswirkungen auf die Lieferketten-Strategie. Häufig überprüften Unternehmen ihre angebotsseitigen Möglichkeiten, vernachlässigten dabei aber den Nachfragefaktor. Die Beziehung zwischen Angebots- und Nachfrageseite liegt darin, dass die Nachfrage das Lieferkettenziel bestimmt, also determinierenden Charakter hat, während das angebotsorientierte Leistungsvermögen die Erfüllung der Nachfrage unterstützt. Unternehmen müssen deshalb neue Wege schaffen, um Angebots- und Nachfrageseite koordiniert zu steuern. Das Supply Chain Management ist ein zentraler Bestandteil dieser Anstrengungen.

Die Möglichkeiten eines Unternehmens, Angebot und Nachfrage aneinander anzupassen, sind eine Funktion seiner *reaktiven Kapazität*, also seiner Fähigkeit, zeitgerecht auf Marktsignale zu antworten. Diese Flexibilität wiederum wird maßgeblich von den Arbeits- und Betriebskapitalkosten beeinflusst. Häufig kämpften Organisationen mit der Aufgabe, Angebot und Nachfrage anzupassen, weil sie sich hierbei gewöhnlich darauf konzentrieren, die Prognosegenauigkeit zu verbessern, die Produktion und Lagerbestände zu optimieren und die Durchlaufzeiten zu verringern. Diese Maßnahmen sind nützlich, bieten aber keine ganzheitliche Lösung. Unternehmen müssen auch solche Maßnahmen berücksichtigen, welche die Kosten von Arbeitskräften und Betriebsmitteln einbeziehen. Und sie müssen neue Wege finden, die Anreizsysteme sowohl unternehmensintern als auch innerhalb der erweiterten (d. h. auf die Supply-Chain-Partner bezogenen) Lieferkette auszurichten.

Lange bevor der Begriff der *Lieferkette* bzw. *Supply Chain* eingeführt wurde und die neue Disziplin des Supply Chain Managements entstand, sprach man von der *Logistikkette*. Sie stand im Zentrum einer Disziplin, die als Logistik bezeichnet wurde (und zum Teil auch heute noch wird). Stellenweise wurde auch der Begriff des *Operations Management* verwendet, der zurzeit wieder häufiger benutzt wird. Betrachten wir daher zunächst einige Definitionen zur Begriffsabgrenzung.

> Zu den Themengebieten *Logistik* und *Logistikmanagement* sind insbesondere die Bücher von Arndt (2008), Günther und Tempelmeier (2007) und Pfohl (2004) zu empfehlen. Das Buch von Thonemann (2009) ist derzeit das aktuellste und umfassendste Werk, das zum Thema *Operations Management* in deutscher Sprache erhältlich ist.

In der klassischen Terminologie des bereits erwähnten Council of Supply Chain Management Professionals (CSCMP) wird Logistik beschrieben als *der Prozess zur Planung, Umsetzung und Kontrolle des effizienten Flusses von Material, angefangen von der Lagerung von Rohmaterial über den Lagerbestand im Produktionsprozess (Work in Process, WIP), Fertigprodukte und Dienstleistungen sowie die zugehörigen Informationen vom Ausgangspunkt bis hin zum Punkt des Ge- bzw. Verbrauchs.* Dies schließt Wareneingänge und Warenausgänge sowie interne und externe Materialbewegungen ein. Der Zweck ist letztlich, Kundenanforderungen erfüllen zu können.

Die Logistik kann aber auch unter dem organisatorischen Aspekt gesehen werden. Aus dieser Perspektive stellt sie einen zielorientierten Bezugsrahmen dar, um den Prozess zur Planung, Allokation und Kontrolle von finanziellen Ressourcen und Arbeitskräften zu steuern, die für die physische Distribution, Fertigungsunterstützung und Einkaufstransaktionen vorgesehen sind.

Im Hinblick auf die *Planungsebenen* kann unterschieden werden in i) *operativ* – kurzfristig (weniger als ein Jahr, für die laufende Rechnungs- bzw. Berichtsperiode) und zumeist einen Teil des Betriebes bzw. der Aktivitäten betreffend, ii) *taktisch* – mittelfristig (Zeithorizont ein bis drei Jahre) und zumeist für einen größeren Teil des Betriebes bzw. der Aktivitäten und iii) *strategisch* – langfristig (Zeithorizont länger als drei Jahre) und überwiegend sachlich die wesentlichen Produktbereiche, Aktivitäten des Betriebes oder den Betrieb als Ganzes und die erfolgskritischen Aspekte betreffend (siehe etwa Albach [2001], S. 294 u. 329 f.).

Darüber hinausgehende Definitionen fokussieren auf den konzeptuellen Integrationsgedanken, wonach Logistik allgemein die Schaffung von Zeit, Raum, Menge, Form und Besitzverhältnissen, sowohl innerhalb einer Firma als auch im Zusammenspiel mit anderen Firmen, einbezieht. Die speziellen Werkzeuge, derer sich die Logistik bedient, um ihre Ziele zu erreichen, sind das strategische Management, das Infrastruktur- und das Ressourcen-Management. Ziel ist es, Produkte und Dienstleistungen zu erzeugen, welche die jeweiligen Kundenbedürfnisse befriedigen. Dabei ist die Logistik in alle Aufgaben der Planung und Ausführung involviert, sowohl auf *strategischer* als auch auf *operativer* und *taktischer* Ebene.

Das Logistikmanagement weist zwangsläufig auch Begrenzungen und Abhängigkeiten auf. So beinhalten die Logistikaktivitäten üblicherweise Eingangs- und Ausgangslogistik, Fuhrpark- bzw. Flottenmanagement, Lagerhaltung, Materialbewegung, Auftragserfassung und -erfüllung, Design des Logistiknetzwerks, Lagerverwaltung, Angebots- und Nachfrageplanung und die Koordination und Steuerung von Logistikdienstleistern. Nur in begrenztem Umfang umfassen sie Einkauf und Materialdisposition, Versand, Montage und Kundendienst.

Damit wurde bereits eine Brücke zum Supply Chain Management geschlagen, wobei der wesentliche Unterschied im integrativen Charakter liegt. So bezieht das SCM nicht nur die Logistik ein, sondern darüber hinaus weitere Unternehmensbereiche, z. B. den Einkauf, die Produktion und Lagerhaltung, das Marketing und die Informationstechnologie. Das SCM kann damit als integrierte Planung und Steuerung der Prozesse in der Wertschöpfungskette definiert werden. Dabei ist ein wesentlicher Zweck, die Effizienz der Lieferkette zu verbessern. Das übergeordnete Ziel liegt darin, die Kundenbedürfnisse effektiv zu befriedigen.

> *Effektivität* wird in der Betriebswirtschaftslehre als Grad der Zielerreichung definiert und ist dementsprechend eine Messgröße für die Arbeitsleistung. Es geht folglich darum, die richtigen Dinge zu tun. Die *Effizienz* stellt eine Relation von Eingangsvariablen und Ausgangsvariablen dar und kann als Maßstab für die Ressourcenwirtschaftlichkeit dienen. Sie ist daher ein mögliches Unterziel der Effektivität. Es geht somit darum, die Dinge, die getan werden, richtig zu tun (siehe z. B. Schierenbeck [2003]), S. 593 f.).

In dem Sinne ist das Logistikmanagement im Supply Chain Management enthalten. Seine Aufgabe ist es, die Effizienz und Effektivität der vorwärts- und rückwärtsgerichteten Flüsse an Gütern, Dienstleistungen und zugehörigen Informationen zu planen, zu implementieren und zu kontrollieren mit der Absicht, Kundenanforderungen bestmöglich zu erfüllen.

Das Supply Chain Management repräsentiert infolgedessen einen integrativen Funktionsbereich, der vorrangig dafür zuständig ist, Hauptgeschäftsfunktionen und -prozesse sowohl innerhalb eines Unternehmens als auch mit anderen Firmen, welche in die Lieferkette eingebunden sind, in Form eines konsistenten und leistungsfähigen Geschäftsmodells zu verknüpfen. Darin sind neben den Tätigkeiten des Logistikmanagements auch die Fertigungsabläufe enthalten, ebenso wie die Aufgabe, die Supply-Chain-Prozesse mit den Funktionsbereichen Produktgestaltung, Lagerhaltung, Marketing, Vertrieb und Finanzen zu koordinieren.

> Prinzipiell lässt sich zwischen *unternehmensinternen* und *unternehmensintegrierten Lieferketten* unterscheiden, wobei sich Letztere auf die Schnittstellen einer Organisation mit ihren externen Partnern ausrichten.

Das SCM umfasst ebenfalls die Planung, Steuerung und Kontrolle aller Aktivitäten des Logistikmanagements. Darüber hinaus jedoch beinhaltet es die Koordination von und Zusammenarbeit mit Partnern innerhalb der Lieferkette wie Lieferanten, Zwischenhändlern, Logistikdienstleistern und Kunden und gewährleistet damit die Koordination von Angebot und Nachfrage innerhalb eines Unternehmens sowie über verschiedenen Firmen hinweg (siehe Abbildung 1.7).

Eine klare Begriffsabgrenzung ist jedoch keineswegs so einfach, wie man sich das im Hinblick auf die Verbreitung und den Bekanntheitsgrad vorstellen würde. Tatsächlich wird der Begriff des Supply Chain Managements mit verschiedenen Bedeutungen in Verbindung gebracht. Im weitesten Sinne umfasst er alle Logistikaktivitäten, Kunden-Lieferanten-Beziehungen, Lagerverwaltung und -einrichtungen sowie Neuproduktentwicklung und -einführung. Praktiker definieren den Begriff in der Regel enger gefasst und beschränken die Definition auf Aktivitäten innerhalb der Lieferkette eines Unternehmens.

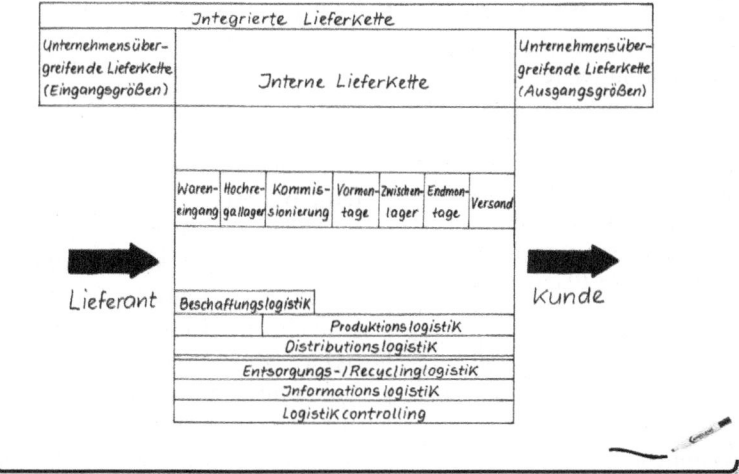

Abb. 1.7: Unternehmensinterne und -übergreifende Supply Chain (nach Werner [2008], S. 9)

Damit reduzieren sie zwangsläufig den Anwendungsbereich von Verbesserungsmaßnahmen, auf die in den folgenden Kapiteln näher eingegangen wird, auf die interne Lieferkette, ohne jedoch die unternehmensübergreifende Perspektive einzubeziehen. Um die Spannweite der möglichen Begriffsdefinitionen zu verdeutlichen, schauen wir uns im Folgenden eine Reihe von exemplarischen Definitionsansätzen an.

> Ein umfassender Überblick zu den diversen Begriffsdefinitionen und Klassifizierungen im Hinblick auf das Supply Chain Management findet sich etwa bei Kuhn und Hellingrath (2002) oder Müller u. a. (2003).

Ausgehend vom klassischen Planungs- und Kontrollansatz ist das Management der Lieferkette eine Ausweitung der Logistik in einen unternehmensübergreifenden Planungs- und Kontrollansatz. Neben dem Begriff des Supply Chain Manage-

Fortschrittliche Planungssysteme bzw. *Advanced Planning Systems (APS)* sind Softwaresysteme mit Planungsfunktionalität für das Supply Chain Management. APS ergänzen traditionelle Planungssysteme und enthalten über die übliche Datenverwaltung hinaus Funktionalitäten, mit denen eine echte integrierte Planung möglich ist. Dabei werden sämtliche verfügbaren Informationen in den Planungsprozess einbezogen (zu dem Thema ist speziell das Buch von Stadtler und Kilger [2008] hervorzuheben).

ments findet sich teils auch der des *fortschrittlichen Planungssystems* bzw. *Advanced Planning System (APS)*, der besonders den Aspekt der Unterstützung durch (moderne) IT-Systeme betont.

Wird der Planungshorizont mit einbezogen, kann das SCM als die Koordination der strategischen, taktischen und operativen Zusammenarbeit aller Teilnehmer innerhalb der integrierten Lieferkette aufgefasst werden. Dies umfasst den Einkauf, die Fertigung, Lagerung und Logistik und darüber hinaus die Produkt- und Prozessentwicklung. Jeder Teilnehmer agiert dabei auf dem Gebiet, in dem er über Kernkompetenzen verfügt. Die Auswahl weiterer Supply-Chain-Partner erfolgt in erster Linie unter dem Gesichtspunkt, welches Potenzial diese zur Realisierung von Wettbewerbsvorteilen mitbringen.

Unter Zugrundelegung eines Prozessansatzes lässt sich das SCM beschreiben als der Prozess der Planung, Einführung und Kontrolle eines effizienten und effektiven Flusses an Gütern, Dienstleistungen und den zugehörigen Informationen, vom Anfangspunkt der Lieferkette bis hin zum Punkt des Verbrauchs. Der Zweck ist die Befriedigung von Kundenanforderungen. Durch eine weitergehende Differenzierung der prozessbezogenen Sichtweise kann es als Design, Betrieb und Pflege von Supply-Chain-Prozessen zur Befriedigung der Bedürfnisse von Endkunden betrachtet werden. In diesem Sinne erstreckt sich das SCM sowohl auf die Formulierung als auch die darauffolgende Abwicklung der Lieferkette.

Daraus ergeben sich neue Aufgaben für die involvierten Führungskräfte, weil traditionelle Aufgaben in einer neuen Weise erledigt werden müssen. Grundsätzlich hat sich gezeigt, dass die Einführung einer eigenen SCM-Disziplin eine Erweiterung der Aufgaben- und Verantwortungsbereiche für eine Vielzahl an Mitarbeitern zur Folge hat.

Die prozessbezogene Definition kann dahingehend erweitert werden, dass das SCM die Integration der Geschäftsprozesse – vom Endkunden bis hin zu den Zulieferern – darstellt. Diese Integration stellt die Produkte, Dienstleistungen und Informationen bereit, die einen Wertbeitrag für die Kunden generieren. Demnach führt das SCM zu einer Veränderung der bestehenden Lieferkette und generiert Kundennutzen, indem es gezielt die Informationen nutzt, die mit der Supply Chain assoziiert sind. Außerdem müssen die Arbeitsabläufe in der Lieferkette geplant, überwacht und kontrolliert werden. Dazu ist ein allgemein akzeptiertes Zielsystem erforderlich.

Ausgehend vom (physikalischen) Material- und Güterfluss umfasst die Lieferkette alle Aktivitäten, die mit dem Fluss und der Transformation von Gütern verbunden sind, angefangen vom Rohmaterial bis hin zum Endverbraucher, sowie die zugehörigen Informationsflüsse. Das Supply Chain Management repräsentiert folglich die Integration dieser Aktivitäten mittels verbesserter Beziehungen mit den Lieferketten-Partnern, um einen dauerhaften Wettbewerbsvorteil zu erzielen.

Die Definition kann auch ausgehend von einer sich stetig fortentwickelnden Management-Philosophie festgelegt werden. Im Rahmen dieser Philosophie wird darauf abgezielt, die gemeinsamen Produktionskompetenzen und -ressourcen der Geschäftsfunktionen zu vereinen, die sowohl innerhalb des Unternehmens als auch außerhalb bei den verbündeten Lieferketten-Partnern liegen. Das primäre Ziel ist es, ein in hohem Maße wettbewerbsfähiges und mit Nutzen für den Kunden versehenes Netzwerk zu schaffen, das darauf abzielt, innovative Lösungen zu entwickeln und die Flüsse an Produkten, Dienstleistungen und Informationen zu synchronisieren. Das ultimative Ziel es, maximalen Wert für die Kunden zu schaffen.

Betrachtet man die Entwicklung im Rückblick, so ist eine Weiterentwicklung früherer Managementkonzepte, z. B. der schlanken Produktion (Lean Production), zum heutigen Begriff des SCM erkennbar. Dabei wird der Anwendungsbereich auf die Distribution ausgeweitet, wobei die Distribution einen Teilbereich des Auftragsmanagementprozesses repräsentiert, der auf die finale Auslieferung zum Kunden fokussiert. In diesem Sinn liegt das Ziel des SCM darin, die Effizienz des Produktauslieferungsprozesses zu verbessern – angefangen vom Materiallieferanten bis hin zum Endkunden, um die richtigen Produkte zur richtigen Zeit an den richtigen Ort mit einem Minimum an Sicherheitsbeständen und Abwicklungsaufwand zu liefern. Der Schwerpunkt von Verbesserungsmaßnahmen liegt primär in den Bereichen Lagerhaltung, Distribution, Fertigung und Einkauf – über Organisationseinheiten und verschiedene Firmen hinweg.

> Die Begriffe *schlanke Produktion (Lean Production)* und *schlankes Management (Lean Management)* bezeichnen das Prinzip der Steigerung von Effizienz, üblicherweise im Sinne von Dezentralisierung, Fertigungsauslagerung (Outsourcing), flacheren Hierarchien, Leistungsverdichtung und damit verbunden oft weniger Personal. Die Gleichsetzung mit „schlank" in diesem Sinne ist eine grobe Vereinfachung des japanischen Konzepts eines umfassenden Qualitätsmanagements bzw. Total Quality Managements (TQM), das die Grundlage dafür bietet, die angestrebten Effizienz- und Flexibilitätsvorteile zu erreichen, die unter anderem in organisatorischen Änderungen nach außen hin sichtbar sind (siehe z. B. Mößinger [2006] und Schonberger [2007]).

Von der funktionalen Seite aus betrachtet lässt sich Supply Chain Management definieren als die systematische und strategische Koordination traditioneller Geschäftsfunktionen sowie der taktischen und operativen Maßnahmen über diese Geschäftsfunktionen hinweg. Darin eingeschlossen sind die Funktionen innerhalb des betreffenden Unternehmens sowie die verschiedenen Firmen, die als Partner in die Lieferkette eingebunden sind. Der hauptsächliche Zweck liegt darin, die langfristige Leistungsfähigkeit der einzelnen Firmen ebenso wie der Supply Chain als Ganzes zu verbessern.

Von einem verhaltensorientierten Blickwinkel aus kann das Supply Chain Management definiert werden als diejenigen Aktivitäten und Tätigkeiten, die durchgeführt werden, um das Verhalten der Lieferkette zu beeinflussen und die gewünschten Ergebnisse zu erhalten. Dergestalt repräsentiert es die Koordination von Beschaffung, Fertigung, Lagerbeständen, Standorten und Transport unter den Teilnehmern, um das beste Verhältnis zwischen Leistungsfähigkeit und Flexibilität auf der einen und Effizienz auf der anderen Seite sicherzustellen.

Eine weitere mögliche Unterscheidung kann mittels der beiden Seiten der Lieferkette, also der Steuerung der Lieferantenseite einerseits und der Kundenseite andererseits, vorgenommen werden. Das Kennzeichen des lieferantenzentrierten Ansatzes besteht demnach darin, dass das Unternehmen und seine Lieferanten, Zwischenhändler und Kunden – d. h. alle Verbindungen einer Organisation im weiteren Sinne – zusammenarbeiten, um den Markt mit einem gemeinsamen Produkt bzw. einer Dienstleistung zu versorgen, für die der Kunde bereit ist, den geforderten Betrag zu bezahlen.

Die Gruppe von Firmen, die sich aus den Lieferketten-Partnern bzw. -Teilnehmern rekrutiert, fungiert gleichsam wie ein ausgedehntes Unternehmen mit dem Ziel, einen optimalen Gebrauch an geteilten Ressourcen (Arbeitskräfte, Verfahren, Technologien etc.) sicherzustellen, um Synergien zu erreichen. Das Ergebnis sind Produkte und Dienste, die von hoher Qualität und preiswert sind und schnell zum Markt geliefert werden können. Ziel ist es also, einen kombinierten und simultanen Einsatz der eigentlich *konkurrierenden Zielgrößen* des Strategischen Dreiecks bzw. Vierecks zu erzielen. Die Definition des kundenzentrierten Ansatzes erfordert lediglich eine Erweite-

Für die Verbindung der eigentlich *konkurrierenden Zielgrößen* Kosten und Qualität findet sich auch der Begriff der *Überholstrategie* oder *Outpacing-Strategie*. Sie zeichnet sich dadurch aus, dass ein Unternehmen bei der strategischen Ausrichtung seiner Aktivitäten rechtzeitig zwischen den beiden hauptsächlichen Wettbewerbsstrategie-Alternativen nach Michael Porter – Kostenführerschaft oder Differenzierung – wechselt, um so einen nachhaltigen Vorsprung vor dem Wettbewerb zu erzielen (siehe Gilbert und Strebel [1987]). Über diese Strategie hinaus, die nicht von einer gleichzeitigen, sondern vielmehr von einer sukzessiven Anwendung verschiedener Strategie-Alternativen ausgeht, gibt es außerdem noch sog. *hybride Wettbewerbsstrategien*, unter die der *Simultanitätsansatz* fällt, der auf der Annahme basiert, dass zumindest vorübergehend ein kombinierter Strategieeinsatz möglich ist (siehe z. B. Corsten und Will [1995]).

rung der herkömmlichen Definition wie folgt (hervorgehoben mittels Unterstreichung): Das Unternehmen und seine Lieferanten, Zwischenhändler und Kunden, d. h. alle Parteien der Lieferkette im weiteren Sinne, arbeiten zusammen, um den Markt mit einem gemeinsamen Produkt bzw. einer Dienstleistung zu versorgen, für die der Kunde bereit ist, den geforderten Betrag über den gesamten Lebenszyklus eines Produkts hinweg zu bezahlen.

Für die Ausrichtung des Supply Chain Managements auf die Kundenseite findet sich teilweise auch der Begriff des *auftragsbezogenen SCM* oder des *nachfragebezogenen SCM*. Die primäre Absicht dieses Konzepts ist es, Wert für den Kunden zu generieren und dabei gleichzeitig die Leistungsfähigkeit hinsichtlich des Kapitaleinsatzes und der Kosten zu verbessern. Halten wir also fest: Das vorrangige Ziel des SCM ist es, den Absatz von Gütern und Dienstleistungen an den Endkunden bzw. Endverbraucher zu steigern und dabei gleichzeitig die Lagerbestände zu reduzieren sowie die Kosten zu minimieren. Daraus erwachsen zwangsläufig Zielkonflikte, weil die dahinterliegenden Wettbewerbsfaktoren (Kosten, Zeit, Qualität und Flexibilität) in Konkurrenz zueinander stehen.

Daher richtet sich das SCM darauf, die Effektivität und Effizienz der beteiligten Unternehmensprozesse zu optimieren und die Zielkonflikte zu harmonisieren – unter Einbeziehung der Prioritäten gemäß der jeweils gewählten Wettbewerbsstrategie.

1.3.2 Wertbasierte Supply-Chain-Strategien

In den letzten Jahren ist die Zahl der Unternehmen, die eine wertbasierte Lieferkettenstrategie verfolgen, in der das Konzept der bereits beschriebenen Wertkette im Mittelpunkt steht, stark gestiegen. Diese Tendenz wurde weitgehend von Firmen vorangetrieben, die hoch entwickelte Informationstechnologien benutzen, um ihre Fähigkeit im Bereich des SCM zu verbessern. Ziel der damit verbundenen Lieferketten-Kompetenz ist es in erster Linie, durch entsprechende Supply-Chain-Prozesse und -Systeme Kundenanforderungen besser zu bedienen, bessere Entscheidungen zu treffen und insgesamt die betriebliche Leistung zugunsten eines Wettbewerbsvorteils zu steigern.

Die Konsequenz ist, dass zahlreiche Organisationen Strategien entworfen haben, welche die relevanten Prozesse zur Bedarfsdeckung in den Mittelpunkt stellen. Diese Strategien sollen letztlich dazu beitragen, Auftragsdurchlaufzeiten, Zahlungsströme, Kapitalrenditen, Marktanteile und die Rentabilität zu optimieren. Sie stellen die Grundlage der Supply-Chain-Strategie dar, die beschreibt, was eine Organisation eigentlich mit der Lieferkette erreichen und welche Leistungen sie damit erzielen will. Damit definiert ein Unternehmen, wie es mit seinen Supply-Chain-Prozessen und der damit verbundenen Infrastruktur einen Beitrag zur Wettbewerbsfähigkeit der Organisation leisten kann.

Ziel der Strategiedefinition ist es, relevante Wettbewerbsfaktoren zu identifizieren und in der Lieferkette umzusetzen. Die Supply-Chain-Strategie ist somit der Unternehmens- bzw. Wettbewerbsstrategie untergeordnet bzw. wird aus dieser abgeleitet und muss diese unterstützen. Ein wesentliches Merkmal einer erfolgreichen Lieferketten-Strategie ist folglich die Ausrichtung auf die Unternehmensstrategie und damit auf die strategische Kernvision des Unternehmens. Darauf geht Absatz 2.2.2 dieses Buches genauer ein.

> Zu der Verbindung von Unternehmens- und Supply-Chain-Strategie sowie zu den speziellen Ausprägungen und Besonderheiten von Lieferketten-Strategien siehe etwa Geimer und Becker (2001) oder Evans und Danks (1998).

Das Supply Chain Management repräsentiert eine wechselseitig abhängige Organisationsstruktur, die Funktionen, Firmen und Länder miteinander verknüpft, Güterbewegungen mit der Nachfragerate synchronisiert und den Wert, der im globalen Markt geschaffen wird, vermehrt. Für jedes Produkt gibt es eine Lieferkette und für jede Lieferkette gibt es einen Wettbewerber. Dabei wird die Entwicklung dieser Supply Chains von großen Konzernen forciert – typischerweise bedeutende Handelsketten und Hersteller von Originalzubehör (OEM) –, welche die notwendige Vision und das Durchsetzungsvermögen haben, die Leistungsfähigkeit ihrer Partner voranzutreiben, Daten auszutauschen und im Verbund zu arbeiten, um eine überlegene Marktposition und Effizienz der betrieblichen Funktionsbereiche sicherzustellen.

Die Entwicklung der wertorientierten SCM-Ansätze resultiert aus der Erkenntnis, dass die isolierte Optimierung von einzelnen Teilen der Lieferkette nicht zur kostengünstigsten Gesamtlösung führt. Mit anderen Worten: *Die Summe der lokalen Optima ist nicht gleich dem globalen Optimum* (nach Goldrath [1999], S. 4). Es ist deshalb erforderlich, die Aufeinanderfolge von Ereignissen innerhalb der Lieferkette gesamtheitlich zu betrachten – angefangen beim Kundenauftrag bis zurück zum Einkaufsauftrag an den Rohmaterialieferanten sowie vorwärtsgerichtet durch alle folgenden Unternehmen hindurch, die in die Herstellung und Lieferung des Produkts bzw. der Dienstleistung an den Endkunden eingebunden sind.

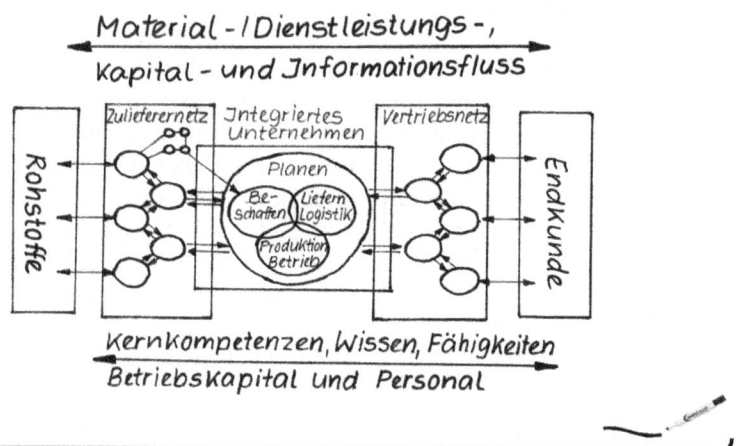

Abb. 1.8:   Integrierte Betrachtung der Lieferkette (nach Walther und Bund [2001], S. 38)

Die Fokussierung auf die ganzheitliche Lieferkette stellt den ersten Schritt dar, die Ausrichtung auf das Produkt den zweiten und die Einbeziehung der Wertgenerierung im Rahmen einer auf die Lieferkette bezogenen, wertorientierten Ablauforganisation – im Gegensatz zur traditionellen Leistungsmessung, die an der Aufbauorganisation aufsetzt – den dritten Schritt. So kann eine Art von „Wertfluss" entstehen, der die heutigen Geschäftsprozesse besser abbildet, als dies innerhalb der herkömmlichen Supply Chain der Fall war.

> Die *Aufbauorganisation* bildet das hierarchische Gerüst einer Organisation (z. B. einer Behörde oder eines Unternehmens) und regelt die Rahmenbedingungen, d. h. welche Mitarbeiter und Sachmittel welche Aufgaben bewältigen sollen. Dagegen regelt die *Ablauforganisation* alle innerhalb dieses Rahmens ablaufenden Arbeitsvorgänge und Informationsprozesse (siehe z. B. Schierenbeck [2003], S. 105 f.).

1.3.3 Integration vs. Desintegration

Desintegrierte Supply-Chain-Strategien sind die völlige Umkehrung herkömmlicher Lieferketten-Strategien, da Letztgenannte ja gerade die Bedeutung der Integration ins Zentrum der Betrachtung rücken. Mit „desintegriert" ist das Gegenteil von „integriert" im Sinne von „eingegliedert" oder „einbezogen" gemeint, d. h. „desintegriert" steht für „nicht eingegliedert". Ein Beispiel aus der Unternehmenspraxis verdeutlicht, was damit gemeint ist:

Die Idee des SMART-Automobils stammt ursprünglich von Nicolas Hayek, dem Gründer der Swatch-Gruppe. Seine Vision war die eines „Swatch-Autos", das klein und vor allem günstig sein und eine auswechselbare Karosserie haben sollte (ähnlich den Swatch-Uhren). Das Unternehmen *Smart* wurde 1994 als Micro Compact Car AG in Biel als gemeinsame Tochtergesellschaft von Daimler-Benz und der SMH SA (Sociéte Suisse de Microélectronique et d'Horlogerie) von Hayek gegründet. Im September 2002 wurde die Micro Compact Car AG in Smart GmbH umbenannt. Die Mitarbeiter wurden zum 1. Oktober 2006 in die damalige Daimler-Chrysler-Organisation integriert, und die Smart GmbH wurde zum 31. Dezember 2006 aufgelöst. Die Produktionsstätten befinden sich im französischen Hambach, das aufgrund dessen auch „Smartville" genannt wird, sowie zu einem geringen Teil in Born in den Niederlanden (www.smart. com).

Im Rahmen der Entwicklung des sogenannten SMART-Automobils führte Mercedes-Benz zunächst eine Machbarkeitsstudie durch. Die in diesem Kontext entwickelte Lieferkette stellte zu jenem Zeitpunkt, Mitte der 1990er-Jahre, einen vollständig neuen Ansatz dar. So schuf man z. B. neue Modelle zur Einbeziehung von Lieferanten und der Auslagerung der Fertigung, die durch Vormontage am Standort der Lieferanten, Einbindung von Zulieferern in das Design und die Endmontage sowie geteilte Besitzverhältnisse der Produktionsstandorte gekennzeichnet waren. Zusätzliche Fragestellungen ergaben sich beispielsweise daraus, dass das initiierende Unternehmen nur etwa zu 15 Prozent des Mehrwerts innerhalb der Lieferkette beitrug.

Die *kundenspezifische Massenfertigung* oder *Mass Customization* repräsentiert eine weitere Variante der bereits angesprochenen hybriden Wettbewerbsstrategien. Im Kern wird darunter – expressis verbis – die kundenindividuelle Massenfertigung von Gütern für einen großen Absatzmarkt verstanden. Die Produkte müssen demzufolge die unterschiedlichen Bedürfnisse von Nachfragern ansprechen. Dabei sollen die Kosten und die Preise ungefähr denen einer Massenfertigung standardisierter Produkte entsprechen. Der Ansatz sucht demnach die ausgewogene Verknüpfung einer kontinuierlich verlaufenden Massenfertigung und der diskontinuierlichen Einzelfertigung (siehe z. B. Piller [1997], Piller und Schoder [1999] und Pine [1993]).

Die konkrete Frage, die sich daraus ergab, lautete: Wie lässt sich eine Lieferkette kontrollieren, in der das zentrale Unternehmen nur einen relativ geringen Mehrwertbeitrag leistet? Die im Rahmen der Machbarkeitsstudie entwickelte desintegrierte Lieferkette bildete die Grundlage für die Einführung der *kundenspezifischen Serienfertigung* oder *Mass Customization* (siehe van Hoek und Weken [2000]).

Teilweise findet sich für den Ansatz einer desintegrierten Lieferkette auch der Begriff des *strategischen Netzwerks*, der als Gegenpol zu den bereits dargestellten wertorientierten Supply-Chain-Ansätzen aufgefasst wird. Demnach sind die wertorientierten Ansätze innerhalb von Geschäftssystemen am effektivsten, welche gleichzeitig eine enge Zusammenarbeit und die Beibehaltung unabhängiger Firmen postulieren.

Aufgrund von Erfahrungswerten lassen sich vier charakteristische Merkmale eines Geschäftssystems identifizieren, welche die Entwicklung strategischer Netzwerke begünstigen:

- Die Anpassungsgeschwindigkeit der Lieferkette ist von entscheidender Bedeutung für den Markterfolg.

- Einige der kritischen Supply-Chain-Aktivitäten müssen Vorteile aufweisen, wenn sie in einer desintegrierten Art und Weise durchgeführt werden. Dies kann etwa bedingt sein durch Unterschiede im Hinblick auf Markteintrittsbarrieren, Wettbewerbsvorteile usw.
- Spezialisierte Investitionen führen zu höheren Effizienzen. Dies können Kapitalinvestitionen oder Investitionen in Arbeitskräfte sein.
- Innovationen setzen das Verständnis des ganzheitlichen Lieferketten-Systems voraus, wobei unter *Innovation* in dem Kontext die Fähigkeit verstanden wird, neuartige Denk- und Handlungsmuster zu entwickeln und einzusetzen.

Für eine Einführung zu den Themenbereichen *Innovationen* und *Innovationsmanagement* ist z. B. Wentz (2007) zu empfehlen. Das Buch von Davenport (1993) stellt ein Standardwerk zu *Prozessinnovationen* dar. Ein umfassender Überblick zu den verschiedenen Aspekten im Zusammenhang mit Innovationen und den damit verbundenen Veränderungen findet sich bei Oppelland (2006).

Im Falle des SMART-Automobils sind alle diese Faktoren zum Tragen gekommen, was zu einem grundsätzlichen Umdenken hinsichtlich des Integrationspostulats von Lieferketten beigetragen hat, das bis dahin als unumstößlich angesehen worden war. Eine der damit verbundenen Konsequenzen war, dass die Verwendung von desintegrierten Elementen innerhalb einer ansonsten integrierten Supply Chain in verstärktem Maße diskutiert und zunehmend in der Praxis eingesetzt wurde.

1.4 Beispiele aus der Unternehmenspraxis: Folgen des Missmanagements der Supply Chain

Einige Praxisbeispiele zeigen, welch gravierende Konsequenzen entstehen können, wenn ein Unternehmen dem Management seiner Supply Chain entweder nicht die nötige Aufmerksamkeit widmet oder nicht über die erforderliche Lieferketten-Kompetenz verfügt. Die damit verbundenen potenziellen Fehler betreffen alle relevanten Bereiche der Lieferkette (siehe dazu Lee [2005]):

• Gestaltung: Fehlende Anpassungsfähigkeit etc.
• Steuerung: Unzureichendes Reaktionsvermögen bzw. unzureichende Flexibilität etc.
• Koordination: Mangelnde Rücksicht auf die Interessen der Partner etc.

Die Auswirkungen können gravierend sein und möglicherweise sogar die Existenz eines Unternehmens bedrohen.

1.4.1 Fehlende Anpassungsfähigkeit bei Lucent Technologies

Führungskräfte fragen sich häufig, ob es wirklich nötig ist, ihre Lieferketten kontinuierlich zu validieren und anzupassen. Wettbewerbsbedingungen, die sich kontinuierlich verändern, erfordern einen permanenten Prozess der Veränderung und Anpassung auch in den Unternehmen – das zu akzeptieren, fällt vielen noch schwer.

Mitte der 1990er-Jahre erkannten die Führungskräfte von Lucent Technologies, dass das Unternehmen nur dann im asiatischen Markt würde Fuß fassen können, wenn es Fertigungsstätten vor Ort besäße. Folglich organisierte Lucent seine Lieferkette um, baute Fabriken in Taiwan und China und war dadurch in der Lage, digitale Vermittlungsstellen genauso kos-

Lucent Technologies war bis etwa Mitte 2006 ein unabhängiges Unternehmen mit Stammsitz in Murray Hill, New Jersey, USA. Der Konzern entwickelte und vertrieb Systeme, Software und Services für Kommunikationsnetze mit Schwerpunkt auf Konvergenz von Netzen, Diensten und Kommunikationsmedien. Zum Kundenstamm zählten Service-Provider, weltweit tätige Firmen und Behörden. Lucent Technologies erzielte im Geschäftsjahr 2004 einen Umsatz von 9,05 Mrd. US-Dollar (ca. 6,1 Mrd. Euro zum Umrechnungskurs Ende 2009) und beschäftigte ca. 31.000 Mitarbeiter weltweit. Nach dem Zusammenschluss mit dem Wettbewerber Alcatel im Jahr 2006 firmiert die Gruppe heute unter dem Namen Alcatel-Lucent (www.alcatel-lucent.com).

tengünstig an Kundenwünsche anzupassen wie seine Wettbewerber Siemens und Alcatel. Um die Interessen der Mutter- und Tochtergesellschaften zu integrieren, berechnete die Firmenleitung den asiatischen Unternehmen keine überhöhten Preise mehr für Baugruppenimporte aus den USA. Dadurch gelang es Lucent, bis Ende der 1990er-Jahre seine verlorenen Marktanteile in China, Taiwan, Indonesien und Indien zurückzuerobern. In einem weiteren Schritt konnte es seine Wettbewerbsposition sogar ausbauen und festigen.

Bis dahin waren die richtigen Maßnahmen durchgeführt worden. In der Folge aber passte Lucent seine Lieferkette nicht mehr an. Die Unternehmensleitung erkannte offensichtlich nicht, dass viele mittelgroße Hersteller inzwischen die notwendige Technologie entwickelt und das nötige Fachwissen gesammelt hatten, um Bauteile und Baugruppen für digitale Vermittlungsstellen (Switches) zu fertigen. Aufgrund von Größenvorteilen konnten diese zu einem Bruchteil der Kosten des integrierten Unternehmens produzieren, und Lucent nutzte keine desintegrierten Lieferketten-Elemente, um dem zu begegnen. Die Wettbewerber hatten die Zeichen der Zeit erkannt und die Fertigung von Vermittlungssystemen konsequent ausgegliedert (Outsourcing). Aufgrund der daraus resultierenden Kosteneinsparungen konnten sie zu niedrigeren Preisen anbieten als Lucent.

Unterdessen zögerte die Lucent-Firmenleitung mit der Ausgliederung ihrer Fertigung, da das Unternehmen in seine eigenen Fabriken investiert hatte. Schlussendlich blieb dem Konzern jedoch nichts anderes übrig, als 2002 seine Fabrik in Taiwan zu schließen und damit zu beginnen, eine ausgelagerte Supply Chain aufzubauen. Doch die Transformation des Unternehmens kam zu spät, um die Herrschaft über den weltweiten Markt zurückzugewinnen. Mitte 2006 wurde Lucent von seinem Wettbewerber Alcatel übernommen.

1.4.2 Mangelnde Rücksicht auf die Interessen der Lieferketten-Partner bei Cisco

Verschiedene Firmen innerhalb einer Lieferkette können unterschiedliche Interessen haben. Dies nicht (ausreichend) zu berücksichtigen, kann ebenso schwerwiegende Probleme nach sich ziehen wie mangelnde Anpassungsfähigkeit.

Während der 1990er-Jahre hielten die meisten Experten die Lieferkette von Cisco für den Idealtyp und damit für praktisch unfehlbar. Das Unternehmen gehörte zu den ersten, die das Internet nutzten, um mit Zulieferern und Kunden zu kommunizieren und die Geschäftsprozesse zwischen den Handelspartnern zu automatisieren. So kam beispielsweise das bereits vorgestellte Konzept der gemeinschaftlichen Planung, Prognose und Wiederauffüllung (CPFR) intensiv zum Einsatz.

Cisco war darüber hinaus ein Vorreiter bei kooperativen Produktionsverfahren, z. B. Online-Produkttests, mit deren Hilfe Lieferanten mit einem Minimum an manueller Dateneingabe Ergebnisse von hoher Qualität erhielten. Das Unternehmen gliederte außerdem die Fertigung eines Großteils seiner Netzwerkprodukte aus und arbeitete bei der Auswahl der Standorte, die am besten geeignet waren, um die Bedarfe zu decken, eng mit verschiedenen Vertragsherstellern zusammen (Outsourcing).

Im Jahr 2001 musste Cisco jedoch überraschend Lagerware im Wert von rund 2,25 Mrd. US-Dollar (ca. 1,5 Mrd. Euro zum Umrechnungskurs Ende 2009) abschreiben. Wie sich später herausstellte, gab es mehrere Faktoren, die dabei eine Rolle spielten, doch am schwerwiegendsten waren die widerstreitenden Interessen von Cisco und seinen Vertragspartnern:

Cisco Systems wurde 1984 von Wissenschaftlern der Universität Stanford in Kalifornien (USA) gegründet. Der Konzern, der seinen Sitz in San Jose, Kalifornien, hat, ist heute ein weltweit führender Anbieter von Netzwerk-Lösungen für das Internet. Im Geschäftsjahr 2008 erzielte Cisco einen Umsatz von 39,5 Milliarden US-Dollar (ca. 26,7 Mrd. Euro zum Umrechnungskurs Ende 2009) mit weltweit mehr als 65.000 Mitarbeitern (www.cisco.com).

Cisco war in erster Linie daran interessiert, möglichst niedrige Preise an seine Lieferanten zu bezahlen, und bestand deshalb darauf, die Preise möglichst langfristig zu binden. Diese Vorgehensweise lag jedoch nicht unbedingt im Interesse der Vertragspartner, weil beispielsweise ein Anstieg der Rohmaterial- oder der Lohnkosten die ohnehin schon geringfügigen Margen weiter nach unten gedrückt hätte.

Als sich Ende 2000 das Wirtschaftswachstum in den USA verlangsamte, lagen die Kosten für die erforderlichen Rohmaterialien jedoch gerade deutlich niedriger als zum Zeitpunkt der Preisvereinbarung. Die Vertragshersteller produzierten und lagerten deshalb Waren in unverändertem Tempo und häuften monatelang große Mengen an Lagerbeständen an, ohne dabei die tatsächliche Marktnachfrage nach Cisco-Produkten zu berücksichtigen.

Schließlich erkannte Cisco, dass es den größten Teil der gelieferten Produkte nicht gebrauchen konnte, weil die Nachfrage bei den Endkunden zwischenzeitlich stark gesunken war. Das Unternehmen war deshalb gezwungen, die Lagerbestände als Ausschuss abzustoßen und den Veräußerungsverlust abzuschreiben. Damit zahlte Cisco einen hohen Preis für die mangelnde Berücksichtigung der Interessen seiner Partner.

1.4.3 Unzureichendes Reaktionsvermögen bei Hewlett-Packard

Unternehmen übersehen häufig, dass Lieferketten flexibel sein sollten, um möglichst rasch auf Änderungen des Nachfrageverhaltens reagieren zu können. Dies ist größtenteils darauf zurückzuführen, dass die Anpassungsfähigkeit und der Abgleich von Interessen bereits seit längerer Zeit als relevante Anforderungen an die Lieferkette anerkannt sind. Es ist jedoch ein Trugschluss zu glauben, dass damit ein ausreichendes Reaktionsvermögen gegeben ist. Letzteres stellt eine zusätzliche und neuere Anforderung dar: Selbst wenn die Lieferkette sowohl anpassungsfähig ist als auch die Interessen aller beteiligten Firmen berücksichtigt, ist es gefährlich, den Aspekt des Reaktionsvermögens außer Acht zu lassen.

Hewlett-Packard (HP) wurde im Jahr 1939 gegründet, der Firmensitz befindet sich in Palo Alto, Kalifornien (USA). Im Jahr 2002 fusionierte der Konzern mit seinem damaligen Wettbewerber *Compaq Computer Corporation.* Mit mehr als 300.000 Mitarbeitern in 170 Ländern und einem Umsatz von rund 118 Mrd. US-Dollar (ca. 80 Mrd. Euro zum Umrechnungskurs Ende 2009) im Geschäftsjahr 2008 gehört HP heute zu den weltweit führenden IT-Konzernen. Die Produktpalette umfasst unter anderem Computer, Drucker und Druckerzubehör, Digitalkameras, Unterhaltungselektronik, Speichermedien, Server sowie IT-Anwendungslösungen und IT-Dienstleistungen (www.hp.com).

Im Jahr 1995 tat sich Hewlett-Packard mit seinem Wettbewerber Canon zusammen, um gemeinsam Drucker zu entwickeln und zu vermarkten. Gleich zu Beginn stimmte das amerikanische Unternehmen seine eigenen Interessen mit denen des japanischen Partners ab, verhielt sich also in dieser Hinsicht mustergültig. Die Partner vereinbarten, dass HP die Fertigung der Leiterplatten übernehmen würde, während Canon die Motoren für die neu geplante Laserjet-Serie bauen sollte.

Die Arbeitsverteilung wurde auf beiden Seiten als fair und gerecht angesehen, und die

Forschungs- und Entwicklungsteams lernten rasch, eng zusammenzuarbeiten. Nachdem der Laserjet-Drucker im Handel war, passten HP und Canon das Liefernetzwerk zügig an den Markt für das Produkt an. HP nutzte seine Werke in Idaho/USA und in Italien, Canon fertigte in seinen Fabriken in West Virginia/ USA und Tokio/Japan. Nach einiger Zeit kristallisierte sich jedoch ein Problem heraus, das weder HP noch Canon vorhergesehen hatte.

Um die Kosten niedrig zu halten, hatte sich Canon bereit erklärt, die Anzahl der zu produzierenden Motoren zu variieren. Dies war jedoch an die Voraussetzung geknüpft, dass HP die Veränderungen lange vorher bekannt geben musste – zum Teil mindestens sechs Monate, bevor die Drucker auf den Markt kommen sollten. HP konnte die Nachfrage jedoch frühestens drei Monate vor der Markteinführung genauer abschätzen. An diesem Punkt aber konnte Canon seinen Fertigungsplan nur noch marginal um wenige Prozentpunkte modifizieren.

In der Folge konnte die Supply Chain plötzliche Nachfrageschwankungen nicht mehr auffangen. Als die Nachfrage nach dem Laserjet III gegen Ende seines Lebenszyklus abnahm, blieb HP auf großen und kostenintensiven Mengen seines Überschusses an Druckermotoren sitzen, dem berüchtigten „Laserjet-Berg".

HP hatte zwar eine anpassungsfähige Lieferkette, die außerdem die Interessen aller Partner wahrte. Dies half dem Unternehmen jedoch nicht dabei, die negativen Konsequenzen des mangelnden Reaktionsvermögens seiner Lieferkette zu vermeiden – wofür es hohe Verluste in Kauf nehmen musste.

Kapitel 2: Planung, Steuerung und Kontrolle der Supply-Chain-Prozesse

Entscheidender Faktor für den künftigen Unternehmenserfolg wird die Kompetenz, innovative Produkte in höchster Qualität zu marktfähigen Preisen schneller als die Konkurrenz herzustellen. Um dies zu realisieren, müssen die Prozesse der Unternehmen kontinuierlich verbessert und durch die Integration neuer, innovativer Ideen effektiver und effizienter gestaltet werden.

(nach Schäfer und Seibt [1998], S. 365)

2.1 Arbeitsabläufe, Material- und Informationsflüsse in der prozessbezogenen Perspektive

Zu Beginn des vorangegangenen Kapitels wurde bereits auf die Bedeutung der Prozesssichtweise zum Verständnis der Lieferkette eingegangen und ein prozessorientierter Bezugsrahmen für Organisationen vorgestellt. Ein *Prozess* lässt sich in dem Zusammenhang definieren als *eine Reihe aufeinander folgender Aktivitäten und Handlungen, die durch Ereignisse im Zeitablauf angestoßen werden und zu einem Ergebnis führen*. Prozesse lassen sich in *Teilprozesse* untergliedern. Weiterhin kann man unterscheiden zwischen *Schlüsselprozessen*, die wesentliche Abläufe oder Teilabläufe umfassen und unmittelbar zur Zweckerfüllung im betrieblichen Kerngeschäft beitragen, und *Hilfsprozessen*, die zusammenhängende Aktivitäten zur Unterstützung der Schlüsselprozesse darstellen.

R.G. Poluha, *Quintessenz des Supply Chain Managements*, Quintessenz-Reihe, DOI 10.1007/978-3-642-01584-7_2, © Springer-Verlag Berlin Heidelberg 2010

Typische Schlüsselprozesse in produzierenden Unternehmen sind unter anderem:

- Entwicklung
- Produktentstehung
- Beschaffung
- Produktionsplanung
- Produktion
- Auftragsgewinnung
- Distribution und Entsorgung

Die Schlüsselprozesse sind in den bereits erwähnten Produktlebenszyklus eingegliedert und den beteiligten Organisationen entsprechend der vereinbarten Arbeitsteilung zugeordnet. Grundsätzlich lassen sich dabei zwei primäre, übergeordnete Ansätze unterscheiden, um Lieferketten abzubilden und zu beschreiben: der Prozessketten-Ansatz und die Prozess-Referenzmodelle.

> Für eine umfassende Darstellung und Beschreibung der Struktur, Elemente und Steuerungsprinzipien von Lieferketten ist Stewens (2005) besonders hervorzuheben.

Das derzeit am weitesten verbreitete Referenzmodell für Lieferketten ist das *Supply Chain Operations Reference Model (SCOR)*. Es erstreckt sich über die komplette Lieferkette, angefangen vom Beschaffungsprozess bis hin zum Verbrauch. Es ist ein idealtypischer und branchenübergreifender Ansatz, der die Abläufe der Partner innerhalb der Supply Chain einheitlich beschreibt. Das SCOR-Modell werden wir im weiteren Verlauf noch ausführlicher betrachten.

Der *Prozessketten-Ansatz*, der auch als *Prozessketten-Modell* bezeichnet wird, bildet die Lieferkette eines Unternehmens von einer reinen Prozessperspektive ausgehend ab. Das Resultat ist eine Art prozessfokussierte Lieferkette, für die sich auch die Bezeichnung der *Prozesskette* oder *ereignisgesteuerte Prozesskette (EPK)* findet. Diese Prozesskette lässt sich als eine Kombination von zeitlich und logisch zusammenhängenden

Aktivitäten beschreiben, die dazu dienen, ein vorgegebenes Geschäftsergebnis zu erzielen. Das Prozessketten-Modell ermöglicht es, Prozesse innerhalb der Lieferkette zu visualisieren, zu analysieren und zu koordinieren. Dabei ist jeder Prozess mittels folgender Parameter, die sich in Form von Prozessketten-Elementen niederschlagen, darstellbar (zu einem Beispiel siehe Abbildung 2.1):

- Eingangsgrößen
- Ausgangsgrößen
- Ressourcen
- Strukturen
- Kontrolle

Ein Prozessketten-Element ist mit der Unternehmensumgebung auf der einen Seite durch die Eingangsgrößen verbunden, welche bildlich gesprochen die Belastung beschreiben, unter der die Lieferkette im Hinblick auf Volumen und Wert von Produkten und Serviceleistungen steht, sowie auf der anderen Seite durch die Ausgangsgrößen. Das jeweilige Prozessketten-Element transformiert eine gegebene Eingangsgröße

> Weiterführende Informationen zu *Prozessketten* und *ereignisgesteuerten Prozessketten (EPK)* finden sich etwa bei Pohanka (2008), Scheer (1997) und Staud (2006).

entsprechend der Prozessketten-Gestaltung in eine gegebene Ausgangsgröße. Der Prozess, der im Design hinterlegt ist, ist dabei durch Prozessketten-Elemente auf einer niedrigeren, d. h. detaillierteren, Stufe beschrieben.

Vergleicht man nun Eingangs- und Ausgangsgrößen, kann man auf die Produktivität (d. h. die Ausbringungsmenge im Verhältnis zur Faktoreinsatzmenge) der Prozesskette schließen, und damit auch auf ihre Effektivität und Effizienz. Der Ansatz hat deshalb außerdem zum Ziel, die Informationen bereitzustellen, die erforderlich sind, um modellgestützte, quantitative Leistungsanalysen der Lieferkette durchzuführen. Führungskräfte in Unternehmen sind häufig sehr daran interessiert, die

Supply-Chain-Kosten zu messen – schließlich verbergen sich hier nicht selten Kosteneinsparungspotenziale. Weil diese Messung sich jedoch auf ein Gebiet bezieht, das oft eine komplexe Aneinanderreihung von Aktivitäten umfasst, ist es schwierig, genaue Werte zu erhalten. Dazu mehr im nächsten Abschnitt.

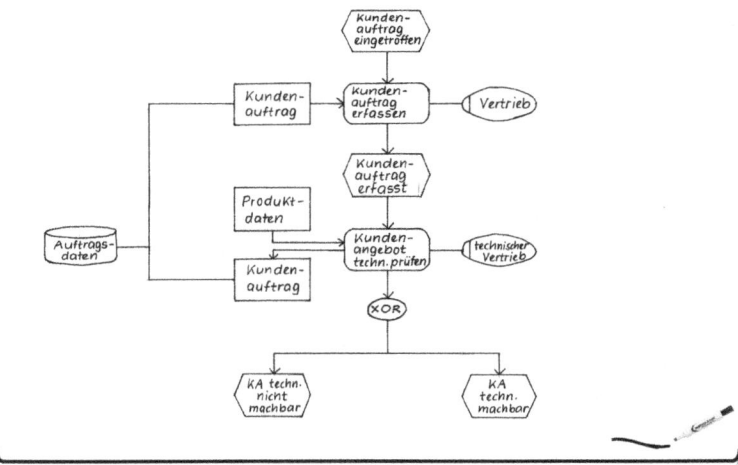

Abb. 2.1:   Beispiel einer Prozesskette

Anmerkung zu Abb. 2.1: „XOR" ist eines der Verbindungssymbole (Konnektoren) bei Prozessketten. Sie dienen dazu, den Kontrollfluss aufzuspalten oder zu vereinigen. Drei Konnektoren stehen zur Verfügung: UND, ODER und XOR (Exclusive OR).

Unabhängig davon, ob man den Prozessketten-Ansatz oder ein Prozess-Referenzmodell einsetzt, stehen Prozesse im Zentrum der Betrachtung. Das *Prozessmanagement* ist eine Methode, mit der sich Geschäftsprozesse bestimmen, gestalten, dokumentieren und verbessern lassen. Es wird teils auch als *Geschäftsprozessverwaltung* bezeichnet. Bevor neue oder umgestaltete Geschäftsprozesse in die Praxis umgesetzt werden, gilt

---
Zum *(Geschäfts-)Prozessmanage-*
ment sind vor allem Becker u. a.
(2008) sowie Schmelzer und Sesselmann (2007) zu empfehlen.

---

es unbedingt zu prüfen, welchen Beitrag sie leisten, um die
Ziele im Hinblick auf die relevanten Faktoren des Strategischen Dreiecks – Kosten, Qua-
lität und Zeit – zu erreichen. Auf das damit verbundene Konzept der Geschäftsprozessoptimierung geht das dritte Kapitel
näher ein.

In dem Integrationskonzept zur Gestaltung von Geschäftsprozessen, das im ersten Kapitel dargestellt ist, wurden die speziellen Eingangsgrößen (z. B. Rohmaterial, Arbeitskraft und
Daten) und Ausgangsgrößen (z. B. Produkte, Dienstleistungen
und Aktivitäten) nicht explizit aufgeführt, sondern vielmehr als
ein gedachter Bestandteil der Geschäftsprozesse angesehen. Im
Kontext der Lieferkette kommt den Materialflüssen, Arbeitsabläufen und Informationsflüssen eine maßgebliche Bedeutung
im Hinblick auf die Eingangs- und Ausgangsgrößen zu.

Der *Materialfluss* umfasst dabei alle Vorgänge und deren
Verkettung beim Gewinnen, Be- und Verarbeiten sowie bei der
Verteilung von stofflichen Gütern innerhalb bestimmter, fest-
gelegter Produktionsbereiche. Im Zusammenhang mit der Lieferkette geht der Materialfluss über die jeweiligen Grenzen der
Produktionsbereiche hinaus. In neuerer Zeit ist auch der Begriff des *Wertstroms* gebräuchlich, mit dem gleichzeitig die
Forderung verbunden ist, Materialflüsse nur so zu gestalten,
dass dabei dem Material Wert im Sinne von Kundennutzen zu-
gefügt und Verschwendung vermieden wird. Im Hinblick auf
die Verbesserung von Materialflüssen sind die primären Ziele,

- Durchlaufzeiten zu verkürzen,
- Ausschuss zu vermindern,
- Kosten einzusparen und
- Energieverschwendung und Umweltbelastung zu vermeiden.

Die *Workflow Management Coalition (WfMC)* wurde 1993 als eine weltweite Vereinigung von Anwendern, Entwicklern, Beratern, Analysten, Hochschulen und Forschungsinstituten gegründet, die ein Interesse an Arbeitsabläufen und Geschäftsprozessen haben. Das WfMC schafft prozessbezogene Standards oder leistet einen Beitrag dazu und informiert über damit verbundene Themen und Entwicklungen. In diesem Zusammenhang hat das WfMC etwa gemeinsam mit der *Object Management Group (OMG)* (www.omg.org), einem nicht gewinnorientierten Konsortium von IT-Unternehmen, mit der heutzutage weit verbreiteten und anerkannten *Business Process Modeling Language (BPML)* einen Standard geschaffen, um Geschäftsprozesse und Arbeitsabläufe einheitlich darzustellen (www.wfmc.org).

Ein *Arbeitsablauf (Workflow)* ist eine definierte Abfolge von Aktivitäten innerhalb einer Organisation, welche die operativ-technische Sicht auf die Prozesse betont und Informationen zu Faktoren wie Kosten und Erlösen liefert. Dabei kann ein IT-System den Ablauf unterstützen und mit notwendigen Daten versorgen sowie gemäß von Vorgaben und Algorithmen, die im System hinterlegt sind, abwickeln. Mehrere herstellerübergreifende, internationale Gremien wie die *Workflow Management Coalition (WfMC)* haben dafür spezielle Standards entwickelt. Dazu zählt z. B. die *Business Process Modeling Language (BPML)*.

Das Ziel ist hierbei weniger eine Dokumentation für eine Organisation oder deren Mitarbeiter als vielmehr eine mögliche (Teil-)Automatisierung der Ausführung. In Abgrenzung vom Geschäftsprozess wird dabei detailliert auf die operative Ebene eingegangen, indem die Arbeitsablauf-Beschreibung den Prozess in Bestandteile gliedert, die auf IT-Ebene eindeutig sind und sich ergänzen.

Arbeitsablauf-Modelle sollen dabei helfen, die optimale Einbindung verschiedener Anwendungen (Textverarbeitungen, Tabellenkalkulationen, Datenbanken usw.) in Arbeitsabläufe der Organisation sicherzustellen. Hierzu wird häufig ein sogenanntes *Arbeitsablauf-Steuerungssystem (Workflow Manage-*

ment System) eingesetzt. Dabei handelt es sich um eine IT-Anwendungslösung, welche die Definition und Durchführung von Arbeitsabläufen ermöglicht, indem sie die Arbeitsablauf-Instanzen nach vorgegebenen und im Rechner abgebildeten Schemata steuert und dazu benötigte Daten und Informationen bereitstellt oder abfragt. Die primäre Aufgabe eines Arbeitsablauf-Steuerungssystems ist es zu koordinieren, wer (Rolle) was (Aufgabe) wann (Prozess) und wie (Umgebung) bearbeitet. Die Analyse und Definition von Arbeitsabläufen können aber auch ohne jeden Bezug zu einem Rechnersystem erfolgen.

Unter dem *Informationsfluss*, zum Teil auch als *Informationsstrom* bezeichnet, versteht man den Weg, den mündliche oder schriftliche Daten nehmen, bevor sie bei einem oder bei mehreren Empfängern eintreffen. Die wissenschaftliche Betrachtung des Informationsflusses in Organisationen heißt *Informationslogistik*, in der Informationstechnik spricht man von einem *Datenfluss*. Beim Informationsfluss ist zu beachten, dass die Empfänger die Information zeitgerecht erhalten.

Störungen im Informationsfluss können zu Missverständnissen, Fehlentscheidungen oder sogar unternehmerischen Fehlschlägen führen. Besonders folgenreich ist es, wenn die Information eine Person erreicht, die für die Weiterleitung verantwortlich ist, diese die Information jedoch nicht oder nicht rechtzeitig weiterleitet. Ein schlechter Informationsfluss in Organisationen ist oft ein Symptom organisatorischer oder personeller Konflikte. Nicht funktionierende Flüsse können zu Informationsverlusten führen und weitreichende Folgen haben.

Es liegt auf der Hand, dass die effiziente und effektive Gestaltung der Material- und Informationsflüsse und der Arbeitsabläufe einen entscheidenden Einfluss auf die Leistungsfähigkeit der Lieferkette hat. Am Ende dieses Kapitels zeigt ein Beispiel, wie die Analyse und Optimierung in der Praxis durchgeführt werden kann und welche Resultate sich dabei erzielen lassen.

2.2 Warum und wie wird die Leistung von Supply Chains gemessen?

2.2.1 Messung von Kosten und Leistung in der Lieferkette

Die Bedeutung der Messung und Kontrolle von Lieferketten-Kosten ergibt sich unmittelbar aus den Zielen und Aufgaben des Supply Chain Managements. Eine dieser Aufgaben ist es bekanntlich, Zeiten und Kosten zu minimieren, denn der Erfolg eines Unternehmens hängt maßgeblich davon ab, dass es Produkte und Dienste pünktlich und effizient liefern kann.

Die Indikatoren, anhand derer das Leistungsvermögen bzw. die Performanz einer Organisation beurteilt werden kann, sollten sowohl den Finanzbereich als auch die Betriebsabläufe abdecken. Denn das Ziel ist es, Kundenzufriedenheit bei niedrigen Kosten zu erreichen und die langfristige Wettbewerbsfähigkeit sicherzustellen. In diesem Sinne sollen Leistungsindikatoren nicht nur dazu beitragen, die Performanz der Lieferkette kontinuierlich zu verbessern, sondern auch dazu, die Unternehmens- und Wettbewerbsstrategie zu steuern.

> Für einen umfassenden Überblick zur Thematik der Supply-Chain-Kosten sowie deren Messung und Kontrolle sind Melzer-Ridinger (2007) und Seuring und Goldbach (2002) besonders zu empfehlen. Eine gute Einführung in das Supply Chain Controlling findet sich beispielsweise bei Unsöld (2007) oder Westhaus (2007).

Die Leistungsindikatoren sollten einfach und klar definiert, leicht anwendbar und gut verständlich sein, damit die Führungskräfte, die sie benutzen, rasch und angemessen mit adäquaten Maßnahmen reagieren können. Andernfalls werden sie erfahrungsgemäß gar nicht oder nur unzureichend zur Entscheidungsunterstützung herangezogen.

Die Performanz der Betriebsabläufe ist eine wesentliche Voraussetzung für die (externe) Kundenzufriedenheit. Das finanzielle Leistungsvermögen hingegen reflektiert die (interne) Rentabilität des Unternehmens und die Fähigkeit, langfristig wettbewerbsfähig zu bleiben. Im Kurzfrist-Zeitraum besteht die Abschätzung des finanziellen Leistungsvermögens aus der Messung der *Grenzkosten* pro Einheit (für jede Aktivität und jedes Projekt) sowie der Messung der nicht wertschöpfenden Ausgaben. Mittel- und langfristig ist eine realistische Abschätzung schwieriger. Dies ist auf eine Reihe von Ursachen zurückzuführen, etwa die Einbeziehung von Kosten für Forschung und Entwicklung (F&E), weil F&E-Kosten nicht aufgespalten und deshalb nicht auf jedes einzelne Produkt individuell angewendet werden können.

Grenzkosten sind definiert als die Herstellkosten der jeweils zuletzt ausgebrachten (produzierten) Einheit. Solange die Gesamtkostenkurve eines Produkts oder einer Kostenstelle linear verläuft, sind die Grenzkosten für jedes hergestellte Stück gleich und entsprechen den proportionalen Kosten bzw. den Produktkosten. Die Begriffe Produktkosten, Grenzkosten und proportionale Kosten sind gleichbedeutend. Deshalb wird für die *Grenzkostenrechnung* häufig auch der Begriff *Proportionalkostenrechnung* oder *Direct Costing* verwendet (siehe etwa Schierenbeck [2003], S. 287 ff. u. 676 f.).

Die Unternehmensleitung muss darüber hinaus noch berücksichtigen, dass Kapitalanleger primär an der Maximierung der Rentabilität des eingesetzten Kapitals und damit an einer Maximierung der Gewinnspanne und des Kapitalumschlags interessiert sind. Und schließlich muss sie bei strategischen Entscheidungen genügend finanziellen Spielraum lassen, d. h. einen ausreichenden Finanzfluss bzw. Einnahmenüberschuss (Cashflow) sicherstellen.

Die Steuerung der Unternehmensleistung soll im Rahmen der Unternehmensführung sicherstellen, dass der Fokus darauf liegt, die definierten strategischen und betrieblichen Ziele zu erreichen. Hierzu wird die Performanz anhand von Leistungsindikatoren gemessen und überwacht. Dabei sind jedoch nicht alle Messverfahren und Indikatoren zielführend. Viele Organisationen sind nur begrenzt in der Lage, die Menge an Daten zu bewältigen, die entweder irrelevant, schlecht gegliedert, zu ausführlich und damit von geringem Wert für die Entscheidungsfindung oder andererseits schwer verfügbar sind. Erfahrungsgemäß kann ein „Zuviel" an Daten einen gegenteiligen Effekt haben und erschwerend wirken.

Weiterhin haben einige der Indikatoren nur geringfügige Beziehung zu dem, was eine Organisation zu erreichen versucht, und sind deshalb nicht relevant für die Zielerreichung. Andere Indikatoren können fehlinterpretiert werden, weil ihre Bedeutung unklar oder zweideutig ist. Die möglichen Auswirkungen können in Fehlentscheidungen mit möglicherweise weitreichenden Folgen bestehen. Dies hat zur Entwicklung eines speziellen Management-Berichtssystems geführt, welches durch die Anwendung von *Schlüssel-Leistungsindikatoren* bzw. *Key Performance Indicators (KPI)* gekennzeichnet ist – etwa im Rahmen einer ausgewogenen Wer-

---

Die *Schlüssel-Leistungsindikatoren* bzw. *Key Performance Indicators (KPI)* sind finanzielle und nicht finanzielle Maß- bzw. Messgrößen, die dazu dienen sollen festzustellen, wie erfolgreich eine Organisation im Hinblick auf die Erreichung ihrer langfristigen Ziele ist. KPI sind ein wesentlicher Teil der messbaren Zielvorgaben. Die Überwachung und Kontrolle geschieht üblicherweise durch den betrieblichen Informationsdienst, der die primäre Aufgabe hat, die aktuelle Situation zu ermitteln und dabei zu helfen, darauf aufbauend künftige Aktivitäten festzulegen. Die Auswahl der Schlüssel-Leistungsindikatoren hängt maßgeblich von der jeweiligen Unternehmensstrategie und den Zielen ab. Key Performance Indicators sind nicht zu verwechseln mit den *kritischen Erfolgsfaktoren* oder *Critical Success Factors (CSF)*, die im Gegensatz dazu die Voraussetzungen darstellen, die erfüllt sein müssen, um die Zielvorgaben zu erreichen (siehe z. B. Gladen [2005] oder Krause und Arora [2008]).

tungsliste (Balanced Scorecard), auf die der nächste Abschnitt näher eingeht.

Die Schlüssel-Leistungsindikatoren müssen im Zusammenhang mit den sogenannten *kritischen Erfolgsfaktoren* oder *Critical Success Factors (CSF)* gesehen werden: Diese dienen dazu, die für den Erfolg eines Unternehmens wesentlichen Faktoren zu identifizieren. Die eher qualitativen kritischen Erfolgsfaktoren werden durch die Schlüssel-Leistungsindikatoren quantifiziert und gemessen, die zum Teil auch als betriebswirtschaftliche Kennzahlen bezeichnet werden.

Es hat sich in verschiedenen Studien bestätigt, dass Organisationen, die ihre Leistung durch Indikatoren gezielt kontrollieren und steuern, erfolgreicher sind als solche, die dies gar nicht oder nur in begrenztem Umfang tun. Wenn die Führungskräfte eines Unternehmens gut über die Leistungsindikatoren und die Faktoren informiert sind, die sie beeinflussen und zu den Ergebnissen beitragen, können sie bessere Entscheidungen treffen. Dabei muss die Steuerung der Leistungskennzahlen auf die speziellen Ziele, Problemfelder und Entscheidungsfaktoren – mit anderen Worten: auf die kritischen Erfolgsfaktoren – ausgerichtet sein.

> Ein ausgezeichneter und umfassender Überblick zu betrieblichen Kennzahlen findet sich bei Ossola-Haring (2006). Zu exemplarischen Studien zur Messung von Leistungsindikatoren und zu den damit verbundenen Zielen und Ergebnissen siehe beispielsweise Hofmann (2004), Poluha (2008), PMG (2002) und SAP (2004).

Die daraus resultierenden Vorteile lassen sich wie folgt zusammenfassen:

- Die Zielerreichung verbessert sich.
- Die Entscheidungsfindung verbessert und beschleunigt sich.
- Der betreffende Mitarbeiterstamm richtet sich auf die gemeinsamen Ziele aus.
- Vertrauen und Motivation bei Mitarbeitern und Führungskräften steigen.

Die Probleme, die mit den allgemeinen Leistungsindikatoren verbunden sind, haben dazu geführt, dass spezielle Leistungsmessgrößen und -kennzahlen entwickelt wurden, um den Entscheidungsprozess in speziellen Bereichen wie dem Supply Chain Management zu unterstützen. Eine Möglichkeit in dieser Richtung besteht etwa darin, die Leistungsfähigkeit mittels Leistungsmessgrößen zu messen, die sich auf spezielle Logistikaktivitäten beziehen. Die Logistikaktivitäten können dabei z. B. die folgenden Teilprozesse der Lieferkette umfassen: Einkauf, Anlieferung, Kontrolle, Lagerhaltung, Herstellung, Zwischenlieferung, Auftragsabwicklung, Verpackung, Versand und Auslieferung. Darauf können dann als Leistungsmessgrößen beispielsweise die Produktverfügbarkeit, Auftragsdurchlaufzeit und Reaktionszeit angewendet werden.

Eine andere Möglichkeit besteht darin, Prozess-Leistungsindikatoren und entsprechende Methoden zur Messung dieser Indikatoren anzuwenden. Die Prozess-Leistungsindikatoren können zum einen die Kundenzufriedenheit beinhalten, die sich zum Beispiel erfassen bzw. messen und bewerten lässt, indem man Kundenbeschwerden erfasst und auswertet, Kundenbefragungen durchführt oder Kunden in produkt- und verfahrensorientierte Leistungsbeurteilungen einbindet.

Ein weiterer potenzieller Indikator ist die Qualität der Kundenlieferungen. Dieser Indikator ist darauf gerichtet, ob ein Produkt oder eine Dienstleistung wunschgemäß an einen Kunden geliefert und dessen Erwartungen erfüllt wurden. Diese Kundenerwartungen schließen in der Regel perfekte Auftragserfüllungsraten sowie die Lieferung der Produkte bzw. Dienste am richtigen Ort, in guter Qualität und zur rechten Zeit ein. Ein weiterer häufig eingesetzter Indikator ist die Zeit von der Auftragserteilung bis zur Lieferung bzw. der Bezahlung (Order-to-Cash).

Ein Verfahren zur Messung und Kontrolle der damit verbundenen Kosten ist die *Prozesskostenrechnung* oder das *Activity-Based Costing*. Neben der klassischen Zuordnung von

Kosten auf Kostenstellen hat die Prozesskostenrechnung insbesondere für Logistikleistungen in den vergangenen Jahren an Bedeutung gewonnen. Weil es sich bei Leistungen innerhalb der Lieferkette häufig um übergreifende Aufgaben sowie um Querschnittsaufgaben handelt, gestaltet sich eine Kostenzuordnung auf interne Kostenstellen schwierig. Zudem ist die Transparenz der Kostenverteilung auf inner- und überbetrieblicher Ebene oft nicht gegeben.

Die *Prozesskostenrechnung (Activity-Based Costing)* ist dadurch gekennzeichnet, dass für die Zuordnung der Produktgemeinkosten der indirekten Leistungsbereiche auf die hergestellten Produkte nicht wertmäßige Bezugsgrößen zugrunde gelegt werden. Stattdessen erfolgt eine Zuordnung entsprechend der zur Herstellung erforderlichen Tätigkeiten (Prozesse, Aktivitäten) unter Berücksichtigung der Bezugsgrößen, die die Prozesse beeinflussen *(Kostentreiber)* (siehe dazu beispielsweise Ahlrichs und Knuppertz [2006] oder Löcker [2007]; ein spezieller Bezug der Thematik zum Supply Chain Management und zur Logistik findet sich z. B. bei Auer [2008]).

Im Rahmen der Prozesskostenermittlung ist es deshalb unbedingt erforderlich, die kostenrelevanten Einflussfaktoren zu identifizieren. Diese Einflussfaktoren werden auch als *Kostentreiber* bezeichnet. Dabei ist zwischen leistungs- und mengenabhängigen Kostentreibern zu unterschieden. Das Ziel ist es, die Kosten pro Prozessdurchführung zu ermitteln. Die relevanten Basisdaten werden dabei aus den jeweiligen Prozessen und Aktivitäten gewonnen.

2.2.2 Balanced Scorecard und Supply Chain Scorecard

Die geschilderten Probleme hinsichtlich eines einheitlichen Verfahrens zur Messung von Leistungskennzahlen sowie die Annahme, dass die Mehrzahl der Ansätze zur Leistungsmessung vorrangig auf Finanzkennzahlen basierten, führten dazu, dass Anfang 1990 das Nolan Norton Institute (www.nolannor ton.com) eine Studie mit dem Titel *Leistungsmessung in Unternehmen der Zukunft* durchführte. Das Nolan Norton Institute war zu jener Zeit der Forschungszweig der Prüfungs- und Beratungsgesellschaft KPMG (www.kpmg.com). Die Studie bestätigte, dass sich neben den Problemen des redundanten Aufwands und der mangelnden Vergleichbarkeit konventionelle Ansätze der Leistungsmessung zu sehr auf rein monetäre Größen beschränkten. Die wertschöpfenden und zukunftsweisenden Aspekte fanden dagegen nur eingeschränkte Berücksichtigung. Dies traf in ganz besonderem Maße auf die Supply-Chain-Prozesse zu.

Zur Studie *Leistungsmessung in Unternehmen der Zukunft* und für eine Einführung in die Thematik der *Balanced Scorecard (BSC)* ist das Standardwerk von Kaplan und Norton (1997) besonders hervorzuheben. Weiterhin zu empfehlen sind beispielsweise Friedag und Schmidt (2007) oder Horváth und Partner (2007).

Die Studie legte außerdem einen Grundstein zur Modifizierung der betrieblichen Leistungsmessung durch die Entwicklung einer ausgewogenen Wertungsliste, der sogenannten *Balanced Scorecard (BSC)*. Die Weiterentwicklung lag vor allem darin, dass man nicht nur auf die Optimierung bereits bestehender Prozesse, Strukturen und Verfahren einging, sondern darüber hinaus neue Prozesse, Strukturen und Verfahren einbezog. Dadurch gewinnt die Methode an Dynamik und Innovationskraft. David Kaplan und Robert Norton führten das Konzept der BSC mit der Absicht ein, zur Entwicklung von Unternehmenszielen beizutragen, darauf aufbauend die Definition strategischer Initiativen zu unterstützen, um diese Ziele zu erreichen, und schließlich die Messung der Ergebnisse im Zeitverlauf zu ermöglichen.

Die Methode der Balanced Scorecard war zur Zeit ihrer Entwicklung Anfang der 1990er-Jahre nichts völlig Neues, da Firmen bereits eine Reihe von Indikatoren benutzten – sowohl finanzielle als auch nicht finanzielle, taktische und operative. Eine Neuerung war es jedoch, sie in einem Verbund und in einer strukturierten Weise anzuwenden, um die betriebliche Leistung möglichst umfassend und genau zu messen sowie zu bestimmen, ob die gesetzten Ziele tatsächlich erreicht wurden.

Versucht man, mögliche Zielvorstellungen zu systematisieren, welche die Zielfunktionen von Organisationen beeinflussen können, bietet es sich an, grundsätzlich in monetäre und nicht monetäre Zielvorstellungen zu unterscheiden. Unter finanziellen oder monetären Zielvorstellungen versteht man dabei solche Ziele, die sich in Geldeinheiten messen lassen, beispielsweise das Gewinn- und Umsatzstreben. Darüber hinausgehende monetäre Zielvorstellungen sind etwa die Sicherung der Zahlungsbereitschaft und die Kapitalerhaltung. Im Gegensatz dazu beinhalten die nicht monetären Zielsetzungen Größen wie die Erreichung bestimmter Wachstums- oder Produktivitätsziele, das Streben nach Marktanteilsvergrößerung und die Sicherstellung von bestimmten Qualitätsanforderungen (siehe dazu etwa Wöhe und Döring [2008], S. 74 ff.).

Einige Unternehmen hatten die Indikatoren bereits mittels Datenbanken (sog. Data Warehouses) und Tabellenkalkulationen umgesetzt. Diese waren jedoch zum einen nicht zwangsläufig auf die erfolgskritischen Unternehmensprozesse und -systeme im Allgemeinen und die Lieferketten-Prozesse und -Systeme im Besonderen ausgerichtet. Zum anderen gestaltete es sich oft als schwierig und teils sogar unmöglich, die (richtigen) Daten zu sammeln, zu aggregieren und zu analysieren, weil das erforderliche Datenmaterial gar nicht oder nur unzureichend verfügbar war.

Die BSC beinhaltet zwei grundlegende Elemente: die Ausgewogenheit (Balance) und die Visualisierung von Indikatoren mittels einer Wertungsliste (Scorecard). Die Ausgewogenheit zielt auf einen Ausgleich u. a. zwischen den folgenden Komponenten ab: Strategische vs. operative Indikatoren, langfristige vs. kurzfristige Positionen, historische vs. zukünftige Leistungen, harte vs. weiche Faktoren, monetäre vs. nicht monetäre Größen, Kostentreiber vs. Leistungstreiber, interne vs. externe Prozesse.

Bei der Visualisierung der Indikatoren durch Anwendung einer Wertungsliste steht die *strategische Vision* einer Organisation, die von der Unternehmensleitung vorgegeben wird, im Zentrum der Betrachtung. Diese Kernvision muss mittels geeigneter Strategien und Aktivitäten operationalisiert und gemeinsam mit diesen aus vier verschiedenen Perspektiven heraus eingeschätzt und betrachtet werden:

> Die *strategische Kernvision* beschreibt den Auftrag eines Unternehmens, seine Kernkompetenzen und aktuelle Marktposition zur Erzielung von Wettbewerbsvorteilen, seine angestrebte zukünftige Wettbewerbspositionierung und Produktpalette sowie die finanziellen Ziele (Gewinne, Umsatzrendite, usw.). Daraus lässt sich ableiten, in welchen speziellen Bereichen eine Organisation Spitzenleistungen erreichen will. Die erfolgreiche Umsetzung lässt sich dann an der Einschätzung und Bewertung der entsprechenden Leistungen im Markt ablesen (siehe beispielsweise Geimer und Becker [2001], S. 22 f.).

- aus der Finanzperspektive, die den Mittelrückfluss und die Wertschöpfung umfasst,
- aus der Kundenperspektive, die durch Kundenerhaltung, Marktanteil, Kundenzufriedenheit usw. gekennzeichnet ist,
- aus der Geschäftsprozessperspektive, die z. B. Kosten, Qualität und Reaktionszeit enthält, und
- aus der Lern- und Entwicklungsperspektive, welche die Mitarbeiterzufriedenheit und Verfügbarkeit von Informationssystemen einbezieht.

Jede dieser Perspektiven innerhalb des Rahmens, den die Balanced Scorecard vorgibt, wird wiederum durch vier Ausprägungen bestimmt, die unternehmensspezifischer Natur sind: strategische Absichten, Leistungsindikatoren, Ziele und Initiativen. Die BSC gewährt damit bildlich gesprochen eine ausgewogene Perspektive der ausgewählten finanziellen sowie nicht finanziellen Indikatoren, die notwendig sind, um den strategischen Plan voranzutreiben und die Unternehmensleistung zu überwachen. Sie kann außerdem als Hilfsmittel verwendet werden, um Wertschöpfungsstrategien zu bewerten, den Erfolg der wertorientierten Prozesse zu überprüfen sowie zu kontrollieren, ob die involvierten Interessengruppen (Stakeholder) tatsächlich den Wert erhalten, den sie etwa hinsichtlich der Kapitalrentabilität erwarten.

Die Balanced Scorecard hat sich aufgrund ihrer speziellen Möglichkeiten über die Zeit zu einer der am weitesten verbreiteten und anerkannten Methode entwickelt, um die Unternehmensstrategie zu definieren und zu steuern. Der Einsatz der BSC wird typischerweise mehrheitlich vom Vorstandsvorsitzenden (Chief Executive Officer, CEO) oder Leiter der Finanzabteilung (Chief Financial Officer, CFO) gefördert. Auch die größten Beratungsfirmen, wie z. B. McKinsey & Company (www.mckinsey.com) und die Boston Consulting Group (www.bcg.com), setzen die Balanced Scorecard deshalb bevorzugt ein.

Die genaue Ausprägung der Scorecard hängt maßgeblich vom jeweils untersuchten Unternehmensbereich ab. Folglich wurde für den Bereich der Lieferkette eine spezielle *Supply Chain Scorecard* entwickelt. Die besonderen Indikatoren, die erforderlich sind, um die Leistung der Lieferkette zu messen und zu steuern, variieren je nach Kundentyp, Produktlinie, dem Industriesektor sowie weiteren Faktoren. Weil die Lieferkette ultimativ auf den Endkunden abzielt, ist es wichtig, bei der Entwicklung einer Supply Chain Scorecard und der Identifikation der speziellen Kennzahlen die Kundensicht einzubeziehen.

Einen fundierten Überblick zu strategischen und operativen Management- und Controllingansätzen zur Messung der Leistungsfähigkeit von Supply Chains gibt insbesondere das Buch von Erdmann (2003). Zur Anwendung der BSC im Supply Chain Management und der damit zusammenhängenden *Supply Chain Scorecard* sind z. B. Bosshardt (2008), Richert (2006) oder Zimmermann (2003) zu empfehlen.

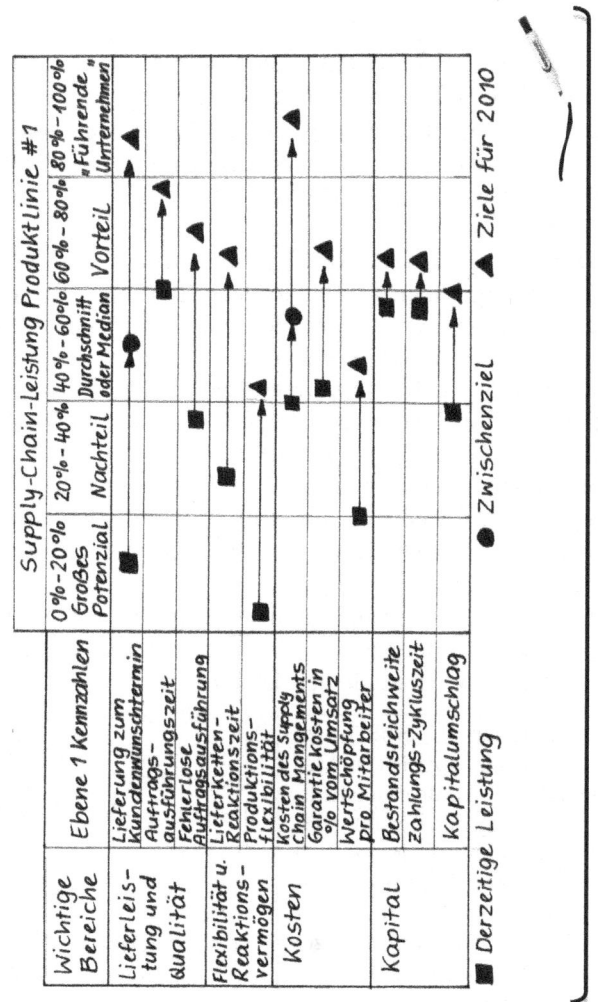

Abb. 2.2:   Exemplarische Supply Chain Scorecard (nach Geimer und Becker [2001], S. 33)

Die Einbeziehung der Kundenperspektive schließt konsequenterweise Aspekte ein, die im Hinblick auf die Fähigkeiten
der Lieferkette, Endabnehmeranforderungen wunschgerecht
und kosteneffizient zu befriedigen, relevant sind, wie beispiel-
haft in Abbildung 2.2 dargestellt.

Die Entwicklung einer speziell auf die Lieferkette ausgerichteten Scorecard setzt zwangsläufig voraus, dass die Supply-
Chain-Partner Unternehmensziele und Daten offenlegen. Daher
ist die Ausführung kaum möglich, wenn kein ausreichendes
Vertrauen zwischen den Firmen besteht, die innerhalb der Lieferkette zusammenarbeiten. Folglich erfordert eine Supply
Chain Scorecard, die von allen Parteien akzeptiert und verwendet wird, ein relativ weit reichendes Vertrauen. Gleichzeitig
kann es aber auch das gegenseitige Vertrauen und die Partner-
schaft stärken, wenn die Partner gemeinschaftlich eine Supply
Chain Scorecard entwickeln und in diesem Zusammenhang
Daten austauschen. Dennoch erscheint die Einführung einer
auf die gesamte Lieferkette ausgerichteten Scorecard, obwohl
theoretisch wünschenswert, in der Praxis aufgrund des interes-
senbedingten „Spannungsfelds" zwischen Herstellern und Zulieferern relativ schwierig.

Das bereits erwähnte SCOR-Modell ist ein weiterer einheit-
licher Ansatz, um unter anderem die Supply-Chain-Leistung zu
messen. Weil sich der Ansatz über die komplette Lieferkette
erstreckt, sind die Abläufe konfigurierbar, und es besteht die
Möglichkeit, unterschiedliche Alternativen eines gleichen Prozesses abzubilden. Dadurch entsteht sozusagen eine normierte
Sprache für die unternehmensinterne und unternehmensübergreifende bzw. -integrierte Kommunikation, was wiederum eine wesentliche Voraussetzung für den Leistungsvergleich zwischen den Supply-Chain-Partnern ist. Die Leistung der jeweiligen Abläufe in den standardisierten Lieferketten wird mithilfe
spezieller Leistungsindikatoren gemessen. Dazu mehr im
nächsten Abschnitt.

2.3 Was ist ein Supply-Chain-Referenzmodell?

1996 wurde das *Supply Chain Council (SCC)* in den Vereinigten Staaten gegründet. Mit dem *Supply Chain Operations Reference Model* (SCOR-Modell) hat diese Organisation eine Unterstützung dafür geschaffen, Lieferketten sowohl innerhalb einer als auch zwischen mehreren Organisationen zu standardisieren und zu normieren. Das primäre Ziel des SCC ist es, bei den verschiedenen Partnern, die in einem Netzwerk mitwirken, ein gemeinsames Verständnis der Prozesse und Aktivitäten zu fördern. Die Prozesskategorien im SCOR-Modell werden anhand der Dimensionen *Produktionskonzept* und *Ausrichtung der Produktstruktur* unterschieden. Die Ausprägung *diskret* entspricht hierbei der Ausrichtung auf die Montage, d. h. einer konvergenten Produktstruktur, während die Ausprägung *Prozess* sinngemäß der Ausrichtung auf den Ablauf, d. h. einer divergenten Produktstruktur, entspricht.

Die vorrangige Aufgabe des im Vorfeld dargestellten SCM-Konzepts ist es, die Wertschöpfung über die gesamte Lieferkette hinweg kontinuierlich zu synchronisieren und

> Das *Supply Chain Council (SCC)* wurde im Jahr 1996 in den USA von den Organisationen Pittiglio, Rabin, Todd & McGrath (PRTM) (www.prtm.com) und AMR Research (www.amrresearch.com) gegründet und schloss anfänglich 69 freiwillige Mitgliedsfirmen ein. Die Mitgliedschaft im SCC steht allen Firmen und Organisationen offen, die daran interessiert sind, führende und hoch entwickelte Praktiken und Verfahren im Hinblick auf ihre Prozesse und Systeme zum Management der Lieferkette einzusetzen. Die meisten SCC-Mitglieder sind Praktiker, welche einen breiten Querschnitt durch die verschiedenen Industriesektoren und Branchen darstellen, des Weiteren Hersteller und Implementierer von Systemtechnologien, Forscher und Wissenschaftler und Regierungsorganisationen. Ende 2009 hatte das Supply Chain Council über 1.000 Mitglieder weltweit und globale Zweigstellen in Nordamerika, Europa, Südostasien, Japan, Australien/Neuseeland und Südafrika (www.supplychain.org).

permanent mit der Marktnachfrage abzustimmen. Darauf basiert die dem SCOR-Modell zugrunde liegende Supply Chain, die sich über die SCOR-Steuerungsprozesse in allen involvierten Unternehmen auf Lieferanten- und Kundenseite erstreckt. Alle Bedingungen und Möglichkeiten, die erforderlichen Prozess-Schritte zu erfüllen, werden als ein Ganzes von den Teilnehmern im Verbund getragen und gemeinschaftlich vereinbart. Die Planungs- und Kontrollmethoden, die erforderlich sind, um dies zu ermöglichen, decken sich konsequenterweise mit den Methoden, die zur internen Planung und Kontrolle benutzt werden. Weitere Maßnahmen schließen Verfahren ein, um auf Daten der verschiedenen involvierten Organisationen zuzugreifen. Dabei handelt es sich in erster Linie um Lager- und Kapazitätsinformationen.

Benchmarking bezeichnet eine vergleichende Analyse von Prozessen unter Anwendung spezieller Leistungsindikatoren. In der Betriebswirtschaftslehre ist damit ein systematischer und kontinuierlicher Prozess des Vergleichens von Produkten, Dienstleistungen und Prozessen im eigenen Unternehmen *(internes Benchmarking)*, im Vergleich zu Unternehmen der selben Branche *(konkurrenzbezogenes Benchmarking)* oder zu Unternehmen aus anderen Branchen *(generisches Benchmarking)* gemeint. Dabei werden die jeweiligen Prozesse unter Anwendung von speziellen Leistungsindikatoren verglichen (siehe dazu etwa Michaeli [2006] oder Schäfer und Seibt [1998]).

Ein großer Nutzen des SCOR-Modells liegt in der Definition einer gemeinsamen Sprache zur Kommunikation zwischen den verschiedenen innerbetrieblichen Funktionsbereichen und darüber hinaus mit den externen Supply-Chain-Partnern. Nur wenn ein gemeinsames Verständnis der relevanten Prozesse besteht, lassen sich die Kunden-Lieferanten-Beziehungen über die ganze Lieferkette hinweg optimiert gestalten. Die Einbeziehung von Leistungsindikatoren schafft die Voraussetzung für eine kontinuierliche Bewertung und Optimierung. Des Weiteren liefern diese Indikatoren die Basis, um die Performanz von Lieferketten mittels eines als

Benchmarking bezeichneten Verfahrens vergleichen zu können.

Die seit etwa Ende der 1990er-Jahre zunehmende breite Akzeptanz des SCOR-Modells in den USA sowie die rasch steigende Zahl von Mitgliedern im SCC sind ein deutliches Anzeichen dafür, dass sich hier ein De-facto-Standard für die Beschreibung und Analyse von Lieferketten entwickelt hat. Mit den verstärkten Bemühungen des SCC, durch die Gründung eines *European Chapter* in Europa eine Anwenderbasis zu schaffen, wird das SCOR-Modell voraussichtlich ebenfalls in den europäischen Ländern zunehmend Verbreitung finden.

Im Hinblick auf den Standardisierungsaspekt kann SCOR auch als *normatives Modell* bezeichnet werden. Ein normatives Modell setzt sich aus einem vordefinierten Satz an Alternativen zusammen. Es beschreibt, wie ein Objekt des Modells gesehen und beschrieben werden kann und wie es sich verhalten sollte. Der Wert von normativen Modellen liegt vor allem in den folgenden Bereichen:

- Sie vereinfachen die Modellierung durch einen höheren Abstraktionsgrad.
- Sie wenden *führende Geschäftspraktiken (Best Practices)* an.
- Sie beschreiben allgemeingültige Probleme und Kennzahlen mittels Standardisierung.

> Der Begriff *führende Geschäftspraktiken (Best Practices)* kann definiert werden als vorbildliche Lösungen oder Verfahrensweisen, die zu Spitzenleistungen führen, oder als das Vorgehen, solche Verfahren zu ermitteln und für die Verbesserung der eigenen Prozesse zu nutzen, oft als eine Weiterführung des Benchmarkings. Es handelt sich dabei um eine pragmatische Vorgehensweise, die in systematisierter Form die Erfahrungen von erfolgreichen Organisationen, oft auch Wettbewerbern, Anwendern etc. vergleicht, unterschiedliche Lösungen, die in der Praxis eingesetzt werden, anhand betrieblicher Ziele bewertet und aufgrund dessen festlegt, welche Gestaltungen und Verfahrensweisen am besten zur Zielerreichung beitragen (siehe z. B. BME [2007] oder Gottorna [1998]).

- Sie ermöglichen einen Austausch von Modellen über Unternehmensbereiche und Organisationen hinweg mittels Standardisierung.
- Sie ermöglichen den Austausch von Industrienormen zum Leistungsvergleich.

2.3.1 Ursprung und Entstehung des SCOR-Modells

Es handelt sich bei SCOR im Besonderen um ein Modell, das Prozesselemente, führende Geschäftspraktiken, Leistungsindikatoren und die Besonderheiten bezüglich der Ausführung von Lieferketten-Aktivitäten in einer ganz speziellen Weise verbindet. Die Einmaligkeit und Wirksamkeit des Modells und sein erfolgreicher Einsatz basieren hauptsächlich auf dem konzertierten Einsatz dieser Elemente. Statt des Begriffs des *normativen Modells* findet sich deshalb häufig auch die Bezeichnung des *Referenzmodells* oder *Referenzinformationsmodells* für SCOR.

Grundsätzlich werden Referenzmodelle dazu angewandt, Geschäftsprozesse zu systematisieren und einheitlich darzustellen. SCOR baut auf dem Eingabe-, Durchsatz- und Ausgabeschema auf, das im Rahmen der Prozesssteuerung ver-

Ein *Referenzinformationsmodell* oder kurz *Referenzmodell* ist ein konkretes Informationsmodell für eine Organisation, das vom Einzelfall abstrahiert und verwendet wird, um einen standardisierten Ausschnitt der „Realität" darzustellen. Referenzmodelle sind damit den normativen Modellen zuzurechnen und unterstützen die Entwicklung eines individuellen Informationsmodells einer Organisation. Zur praktischen Umsetzung des Supply Chain Managements sind neben der Bereitschaft zur Kooperation und Offenlegung der relevanten Prozesse unternehmensübergreifende Informationssysteme notwendig, welche einen schnellen Austausch von Informationen ermöglichen (siehe z. B. Fettke und Loos [2006]; ein umfassender Überblick zu den betrieblichen Referenzmodellen findet sich in dem Standardwerk von Scheer [1997]).

wendet wird. Das Modell dient unter anderem dazu, die Prozesse auf den verschiedenen Ebenen darzustellen und schrittweise auszuformulieren.

Referenzmodelle basieren auf den bereits angesprochenen Arbeitsabläufen *(Workflows)* und der Steuerung dieser Arbeitsabläufe *(Workflow Management)*. Diese Referenzmodelle beziehen sich auf die Schnittstellen innerhalb der Arbeitsablaufstruktur, welche es den jeweiligen Prozessen ermöglicht, auf verschiedenen Ebenen zu interagieren. Systeme zur Steuerung der Arbeitsabläufe enthalten in der Regel eine Anzahl allgemeingültiger Bausteine, die zusammenwirken und sich innerhalb eines definierten Satzes an Szenarien im Sinne von idealtypischen Arbeitsabläufen gegenseitig beeinflussen. Verschiedene Prozesse weisen abhängig von ihrer Abwicklung unterschiedliche Leistungsniveaus innerhalb der vorgegebenen allgemeingültigen Bausteine auf.

Um die unabhängigen, heterogenen Systeme in die Lage zu versetzen, möglichst nahtlos zusammenzuarbeiten und Informationen zwischen den verschiedenen Arbeitsabläufen auf effiziente und verwertbare Art und Weise auszutauschen und Benutzern zur Verfügung zu stellen, ist es notwendig, eine standardisierte Anzahl bzw. Menge an Schnittstellen und Formaten für den Informationsaustausch festzulegen. Dies kann etwa geschehen, indem man eindeutige Interaktionsszenarien mit Referenz auf die Schnittstellen aufstellt. Diese Interaktionsszenarien dienen dann dazu, verschiedene Ebenen mit funktionaler Übereinstimmung zu identifizieren, die in Einklang mit der Bandbreite an Produkten stehen, welche sich auf dem Markt befinden.

> Zur Thematik der Gestaltung, Implementierung und Ausführung von Regeln zur Festlegung der Geschäftsabwicklung in und zwischen Unternehmen im Rahmen des Supply Chain Managements und zu den verschiedenen Aspekten der Implementierung dieser Geschäftsregeln in betrieblichen Informationssystemen zur Unterstützung des SCM ist das Buch von Klaus (2005) besonders zu empfehlen.

Ein Referenzmodell repräsentiert außerdem ein Modell der Lieferkette, das die Einführung von Anwendungssystemen unterstützen kann. Die Vorteile eines Referenzmodells resultieren in diesem Zusammenhang aus der Fähigkeit, eine Detaillierung mehrerer Betrachtungsebenen und Fragestellungen zu ermöglichen. Zum einen ist darin die Beschreibung der Prozessvoraussetzungen und -ergebnisse enthalten, mit anderen Worten: die Beantwortung der Fragen, welche Daten, Informationen und Ressourcen verwendet und welche Objekte bearbeitet werden sollen. Zum anderen umfasst es die Beschreibung des zusammenhängenden Ablaufs aus einer Prozesssicht, d. h. die Beantwortung der Fragen, welche Teilprozesse und Ergebnisse den Prozess steuern und welche organisatorischen Bereiche dabei beteiligt sind.

Von Prozess-Referenzmodellen klar zu unterscheiden sind sogenannte Prozess-Zerlegungsmodelle, deren Intention deutlich von jener der Erstgenannten abweicht. SCOR stellt eine Sprache zur Kommunikation zwischen den Supply-Chain-Partnern zur Verfügung. Prozess-Zerlegungsmodelle sind hingegen dafür gedacht, eine spezielle Konfiguration an Prozesselementen zu betrachten. Ihnen fehlt damit der integrative Charakter, sowohl im Hinblick auf die unternehmensinterne als auch die -übergreifende Lieferkette.

Als neue Anwendungsdomäne im Zusammenhang mit Referenzmodellen hat das bereits erwähnte Electronic Business in den vergangenen Jahren stark an Bedeutung gewonnen. Dabei können Referenzmodelle für das E-Business vereinfacht definiert werden als *solche Modelle, welche die Gestaltung von E-Business-Systemen unterstützen*. Das SCOR-Modell

> Ein interessanter Ansatz zur Klassifizierung und Betrachtung von Referenzmodellen im Kontext des E-Business findet sich bei Fettke und Loos (2003).

kann folglich auch als ein E-Business-Referenzmodell verstanden werden, weil seine Anwendung unter anderem den Einsatz von Informationstechnologien unterstützen soll.

2.3.2 Ziele und Struktur von SCOR

Das hauptsächliche Ziel des Supply Chain Councils ist es, ein quasi „idealtypisches" Modell der Lieferkette zu schaffen. Zu diesem Zweck definierten die Mitglieder des SCC das SCOR-Modell als ein standardisiertes Prozess-Referenzmodell der Supply Chain und entwickelten es kontinuierlich weiter. Mitte 2008 veröffentlichte das SCC die aktuell (Ende 2009) gültige Fassung, *SCOR Version 9.0.*

Die Anwendung von SCOR soll eine einheitliche Beschreibung, Analyse und Bewertung von Lieferketten, sowohl firmen- als auch branchenübergreifend, ermöglichen. Das Modell findet in drei grundsätzlichen Aufgabenstellungen Anwendung:

Für weiterführende Informationen zum SCOR-Modell und zu seiner Anwendung sind insbesondere Bolstorff u. a. (2007) und Poluha (2008) zu empfehlen. Die ausführliche SCOR-Modellbeschreibung (SCC [2008/1]) ebenso wie ein Überblick (SCC [2008/2]) und eine Kurzbeschreibung des aktuellen Modells (SCC [2008/3]) sind auf der Internetseite des Supply Chain Councils erhältlich: http://www.supply-chain.org/resources/scor

- um das Leistungsvermögen von (internen) Lieferketten zu bewerten und zu vergleichen,
- um integrierte Lieferketten über die involvierten Partner hinweg zu analysieren und ggf. darauf aufbauend zu optimieren,
- um die geeigneten Stellen für den Einsatz von Anwendungslösungen entlang der Lieferkette sowie deren Funktionalität zu bestimmen.

Das Supply Chain Council hat das SCOR-Modell als branchenübergreifenden Standard für die Steuerung von Lieferketten entwickelt und gefördert. Das SCC ist besonders daran interessiert, SCOR so weit wie möglich zu verbreiten, um Kunden-Lieferanten-Beziehungen sowie Softwaresysteme zu verbessern, welche die Mitglieder durch den Gebrauch gemeinsamer Kennzahlen und Begriffe optimal unterstützen können. Zusätzlich strebt das SCC an, führende Geschäftspraktiken (Best Practices) frühzeitig zu erkennen und zu übernehmen, unabhängig davon, wo diese ihren Ursprung haben.

Während ein großer Teil des Inhalts, der dem Modell zugrunde liegt, bereits seit vielen Jahre von Praktikern benutzt wird und erprobt ist, bietet es außerdem einen flexiblen Rahmen, der Geschäftsprozesse, Leistungsindikatoren, führende Geschäftspraktiken und Systemtechnologien je nach Bedarf miteinander verknüpft. Das Resultat ist eine einheitliche Struktur, um die Kommunikation unter den Supply-Chain-Partnern zu unterstützen sowie die Effektivität und Effizienz der Lieferkettenplanung und -steuerung zu steigern.

Alle Anwender, die SCOR benutzen, werden gebeten, in Dokumenten oder Darstellungen des Modells sowie im Falle seiner Anwendung auf das SCC zu referenzieren. Zusätzlich sind Mitglieder dazu angehalten, die Internetseite des SCC (www.supply-chain.org) regelmäßig aufzusuchen, sich mit den neuesten Informationen vertraut zu machen und sicherzustellen, dass sie die aktuelle Version von SCOR verwenden. Damit repräsentiert das SCOR-Modell sozusagen den Konsensus des SCC hinsichtlich des Managements der Lieferkette.

Die dem Modell zugrunde liegende Annahme ist, dass jede Supply Chain im Prinzip durch fünf grundlegende Basisprozesse beschrieben werden kann, die auch als *Chevrons* bezeichnet werden: Mit jedem der vier ausführenden Hauptprozesse – Beschaffen *(Source)*, Herstellen *(Make)*, Liefern *(Deliver)* und Rückliefern *(Return)* – werden Materialien oder Produkte bearbeitet oder transportiert. Durch die Verbindung dieser Prozesse zu einer Kette werden unter anderem Kunden-Lieferanten-Beziehungen definiert, für die durch den fünften Basisprozess, das Planen *(Plan)*, Angebot und Nachfrage ausbalanciert werden. Fasst man alle Hauptprozesse zusammen, so erhält man ein Gesamtmodell der Supply Chain.

Neben diesen fünf Hauptprozessen, die die organisatorische Struktur des SCOR-Modells bilden, können die folgenden drei Prozessarten *(Process Types)* unterschieden werden:

- Planung *(Planning)*: Ein Planungselement ist ein Prozess, welcher den erwarteten Ressourcenbedarf auf die erwarteten Nachfragebedingungen ausrichtet. Die Planungsprozesse gleichen folglich die aggregierte Nachfrage über einen bestimmten Planungshorizont aus und können zur Reaktionszeit der Lieferkette beitragen. Sie finden gewöhnlich in regelmäßigen Abständen statt. Diese Prozessart referenziert auf den o. g. Basisprozess des Planens.

- Ausführung *(Execution)*: Ausführungsprozesse werden von geplanter oder eigentlicher Nachfrage ausgelöst und ändern den Zustand eines Produkts. Sie schließen Einplanung und Reihenfolgeplanung, die Veränderung von Materialien und Dienstleistungen und das Bewegen von Produkten ein. Diese Prozessart umfasst somit die o. g. vier Hauptprozesse.

- Ermöglichung *(Enable)*, vormals Infrastruktur *(Infrastructure)*: Ermöglichende Prozesse sind für die Vorbereitung, Pflege und Steuerung von Informationen oder Beziehungen verantwortlich, auf denen die vorgenannten Planungs- und Ausführungsprozesse beruhen.

Abbildung 2.3 fasst den Modellaufbau zusammen. Entsprechend dem Schaubild schließt das Modell zunächst die eigene Supply Chain eines Unternehmens und die zugehörigen fünf Basisprozesse ein. Darüber hinaus kann es aber auch die Lieferketten der Kunden einerseits als auch der Lieferanten andererseits umfassen. Und schließlich können die Lieferanten der eigenen Lieferanten und die Kunden der eigenen Kunden mit einbezogen werden. In diesem Sinne beinhaltet das Modell alle Interaktionen mit Kunden, von der Auftragserfassung bis hin zur bezahlten Rechnung. Weiterhin alle Produkte, Materialien und Dienstleistungen, von den Lieferanten der Lieferanten bis hin zu den Kunden der Kunden, einschließlich Ausrüstungen,

Zubehör, Ersatzteile und Software. Und schließlich alle Interaktionen mit dem Markt, beginnend mit dem Verständnis der gesamten Nachfrage bis hin zur Auftragserfüllung.

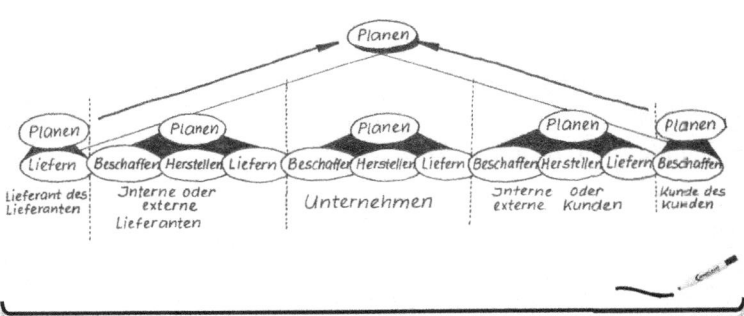

Abb. 2.3:   Die SCOR-Modellstruktur (nach SCC [2008/1], S. ..2.1)

Die Notation des Modells ist festgelegt und folgt durchgängigen Bezeichnungskonventionen für die Basisprozesse:

- Der Buchstabe *P* stellt Planungselemente *(Plan Elements)* dar,
- der Buchstabe *S* steht für Beschaffungselemente *(Source Elements)*,
- der Buchstabe *M* repräsentiert Herstellungselemente *(Make Elements)*,
- der Buchstabe *D* steht für Lieferungselemente *(Deliver Elements)*, und
- der Buchstabe *R* stellt Rücklieferungselemente *(Return Elements)* dar.

Die Basisprozesse können auch als ermöglichende Prozesse ausgestaltet sein. In diesem Fall wird dem betreffenden Prozess der Buchstabe *E* vorangestellt, was darauf hinweist, dass es sich um ein Ermöglichungselement *(Enable Element)* handelt. Beispiel: *EP* stellt ein ermöglichendes Element innerhalb des Planungsprozesses dar. Innerhalb der Basisprozesse liegt ebenfalls eine allgemeingültige Struktur vor, wobei das Modell quasi auf die „Produktumgebung" fokussiert, wie nachfolgend am Beispiel des Herstellungsprozesses *(Make)* dargestellt:

- Lagerfertigung *(Make-to-Stock)* – M1
- Auftragsfertigung *(Make-to-Order)* – M2
- Spezialanfertigung *(Engineer-to-Order)* – M3
- Handelswaren *(Retail Product)* – M4

Entsprechend gestaltet sich die Einteilung im Hinblick auf den Beschaffungsprozess *(Source)* und den Lieferprozess *(Deliver)*. Lediglich der Rücklieferungsprozess *(Return)* weicht aufgrund seiner Eigenheiten davon ab und ist durch folgende Unterprozesse gekennzeichnet:

- Rücklieferung eines defekten Produkts *(Return Defective Product)* – R1
- Rücklieferung wegen Wartung, Reparatur oder Überholung *(Return Maintenance, Repair or Overhaul)* – R2
- Rücklieferung überschüssiger Produkte *(Return Excess Product)* – R3

Innerhalb jedes Abschnitts zur Beschreibung der Planungs- und Ausführungsprozesse sind ebenfalls die zugehörigen Ermöglichungselemente beschrieben. Auch bei diesen findet dasselbe Format wie oben dargelegt zur Beschreibung und grafischen Darstellung Anwendung.

Zusätzlich handelt es sich bei SCOR um ein hierarchisches Modell mit mehreren Ebenen. Die Lieferkette des Unternehmens selbst repräsentiert die Ausgangsebene (Ebene 1). Die darauf folgende Hauptprozessebene, z. B. *Plan – P*, stellt die zweite Ebene dar. Darunter folgt sozusagen das Zielobjekt des Hauptprozesses, symbolisiert durch eine einstellige Ziffer. Beispiel: *P1 – Planen der Lieferkette (Plan Supply Chain)*. Die genaue Nummer leitet sich aus der jeweiligen Position innerhalb der Modellstruktur ab. Auf einer weiteren Ebene darunter, d. h. auf der dritten Ebene, befinden sich die dazugehörigen konkreten Prozessschritte, z. B. *P1.1 – Identifizieren, Priorisieren und Aggregieren von Lieferkettenanforderungen (Identify, Prioritize, and Aggregate Supply Chain Requirements)*.

Weitergehende Ebenen, d. h. unterhalb der dritten Ebene, enthält das Modell jedoch nicht, da sie zu speziell sind und damit dem Grundgedanken von SCOR als branchenunabhängiges bzw. -übergreifendes Modell widersprechen würden.

Die Prozesse ab der vierten Ebene erweisen sich als derart branchen- und mit zunehmenden Ebenen sogar firmenspezifisch, dass eine Standardisierung nicht mehr sinnvoll und auch kaum möglich wäre. Die vierte und alle darauf folgenden Ebenen sind deshalb Gegenstand betrieblicher Implementierungsprojekte, wobei sich die vierte Ebene auf Aufgaben *(Tasks)*, die fünfte auf Tätigkeiten *(Activities)* und die sechste auf Arbeitsanweisungen *(Instructions)* bezieht. Das Schaubild auf der vorhergehenden Seite gibt einen zusammenfassenden Überblick über die Zusammenhänge und den abgedeckten Modellumfang.

Hinzu kommt die Definition von Kennzahlen, um die Performanz der Supply-Chain-Prozesse zu bewerten (Leistungsindikatoren), welche die Basis für einen Leistungsvergleich (Benchmarking) mit Unternehmen oder Lieferketten der gleichen Branche oder aus anderen Industriezweigen ermöglichen. Für die Hauptprozesse erarbeiteten die Mitglieder des SCC die effektivsten Geschäftsabläufe zur Erreichung eines hohen Leistungsvermögens, nämlich die bereits erwähnten führenden Geschäftspraktiken (Best Practices), und integrierten sie in das Modell. Letztendlich wurden noch die Anforderungen von IT-Anwendungssystemen hinzugefügt, die erfahrungsgemäß bei der Umsetzung dieser Praktiken hilfreich sind.

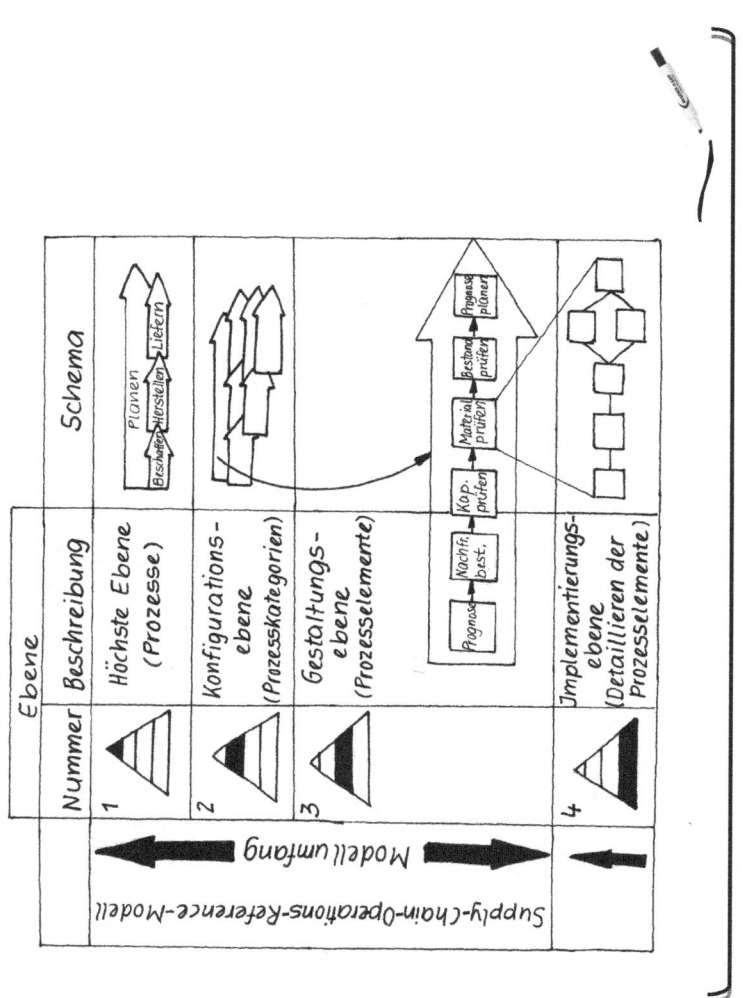

Abb. 2.4:   SCOR als hierarchisches Geschäftsprozess-
Referenzmodell (nach SCC [2008/2], S. 7)

Die Leistungsindikatoren sind, analog zu den Prozesselementen, ebenfalls hierarchisch aufgebaut. Obwohl nicht ausdrücklich im Modell dargestellt, sind sie typischerweise der ersten Ebene des jeweiligen Steuerungsprozesses zugeordnet (z. B. *P1 – Plan Supply Chain*) und werden von hier ausgehend und der Hierarchie folgend zusammengestellt und den entsprechenden Planungs-, Ausführungs- und Ermöglichungselementen zugeordnet.

2.3.3 Anwendung in der Praxis

Halten wir zusammenfassend fest: Das SCOR-Modell wurde entwickelt, um Geschäftstätigkeiten von Organisationen zu beschreiben, welche die Lieferkette betreffen und die mit allen Phasen verbunden sind, die durchlaufen werden, um Kundenbedürfnisse zu befriedigen. Durch die Verwendung der o. g. Prozessbausteine und den Gebrauch allgemeingültiger Definitionen kann das Modell dazu dienen, Supply Chains zu beschreiben, die sehr einfacher oder aber sehr komplizierter Natur sind. Dadurch lassen sich ungleichartige Branchen verknüpfen, um gleichsam die „Tiefe" und „Weite" einer beliebigen Supply Chain wiederzugeben. Das Modell hat in zahlreichen praktischen Anwendungsfällen dazu beigetragen, eine wertvolle Grundlage für die Verbesserung von Lieferketten sowohl unter einer standortspezifischen als auch globalen Perspektive zu liefern.

Eine der größten Stärken beim Einsatz des SCOR-Modells im Rahmen von Projekten zur Analyse der Supply Chain (im Folgenden kurz als *SCOR-Projekte* bezeichnet) ist die Zuverlässigkeit und Vorhersagbarkeit von zeitlicher Dauer und Kosten. Die Initiierung von SCOR-Projekten hängt in erster Linie von der jeweiligen Zielsetzung ab. Dabei können etwa die folgenden betrieblichen Faktoren im Mittelpunkt stehen:

- Verbesserung des Börsenkurses
- Kostensenkungen
- Erhöhung der Gewinne und Margen
- Optimierung von betrieblichen Planungs- und Warenwirtschafts- bzw. ERP-Systemen (*Enterprise Resource Planning System*)

> *Betriebliche Planungs- und Warenwirtschaftssysteme* oder *Enterprise-Resource-Planning-Systeme (ERP-Systeme)* verfolgen primär das Ziel, die in einem Unternehmen vorhandenen und oftmals funktional ausgerichteten Lösungen für die diversen Betriebsbereiche, z. B. Beschaffung, Produktion, Vertrieb, sowie die zugehörigen Daten in einem System zu integrieren und zentral verfügbar zu machen. ERP-Systeme sind in diesem Sinne Transaktionssysteme, die in erster Linie den Ist-Zustand abbilden und historische Daten verwalten (siehe z. B. Görtz und Hesseler [2007]).

Abgesehen von eher qualitativen Verbesserungen, z. B. einer optimierten Kommunikation zwischen betrieblichen Funktionsbereichen, konnte auch eine Reihe von quantitativen Resultaten erzielt und nachgewiesen werden (nach Bolstorff u. a. [2007], S. 27 f.):

- Zwei- bis sechsfache Rentabilität der Projektinvestitionskosten innerhalb der ersten zwölf Monate, häufig verbunden mit Verbesserungen, welche die Kosten innerhalb der ersten sechs Monate kompensieren konnten
- Verringerung der Ausgaben für die Informationstechnologie durch Minimierung unternehmensspezifischer Systemanpassungen („Customization") und den besseren Gebrauch verfügbarer Standardfunktionalität
- Verbesserung des Betriebsergebnisses um durchschnittlich drei Prozent in der initialen Projektphase mittels Kostenreduktion und Verbesserung des Kundenservice

Ein weiterer, nicht unmittelbar quantifizierbarer Vorteil ist der branchenunabhängige Charakter des SCOR-Modells. Er ermöglicht u. a. einen Vergleich der Prozesse von Unternehmen verschiedener Branchen und eine daraus resultierende Prozess-optimierung.

In einem Erfahrungsbericht beschreibt der Technologiekonzern Intel die Vorteile, die sich im Rahmen einer SCOR-Initiative ergeben haben (siehe Intel [2002]). Diese Vorteile sind schwerpunktmäßig qualitativer Natur. Das Projektteam, das ursprünglich für das SCOR-Projekt zuständig war, hat die Verbreitung des SCOR-Modells zum Einsatz über alle Bereiche der Lieferkette hinweg stark gefördert. Darin wird ein eindeutiges Indiz gesehen, dass das Team aufgrund der gesammelten Erfahrungen von der Leistungsfähigkeit und den Vorteilen des Modells überzeugt war. Ein zwar schwer messbarer, aber dennoch nachweisbarer und großer Vorteil war die Steigerung des Wissens der Projektteammitglieder hinsichtlich der Geschäfts- und Supply-Chain-Prozesse sowie Beziehungen und Zusammenhänge innerhalb der Supply Chain.

> *Intel Corporation* ist ein in Santa Clara, Kalifornien ansässiger und weltweit tätiger Halbleiterhersteller. Der Konzern wurde 1968 von Mitarbeitern der Firma Fairchild Semiconductor gegründet und hat im Geschäftsjahr 2008 mit etwa 85.000 Mitarbeitern Umsätze von rund 40 Mrd. US-Dollar (ca. 27 Mrd. Euro zum Umrechnungskurs Ende 2009) erzielt. Intel ist in erster Linie für PC-Mikroprozessoren bekannt, bei denen sich das Unternehmen als der weltweite Marktführer etabliert hat. Außerdem produziert Intel diverse weitere Arten von Mikrochips für Computer, z. B. Chipsätze für Netzwerkkarten (www.intel.com).

Die Anwendung des SCOR-Modells sieht Intel außerdem an sich als positiv an, um die zugrunde liegenden Zusammenhänge bezüglich einer allgemeingültigen Sprachkonvention und der Orientierung an einer durchgängigen Struktur zu verstehen und zu internalisieren. Die Einbindung von Vertretern aus den Geschäftsbereichen gibt Intel als weiteren Vorteil an. Dadurch konnte der Konzern den Risiken begegnen, die mit der einseitigen Durchführung von Projekten zur Analyse und Optimierung der Lieferkette durch den IT-Bereich verbunden sind.

Schließlich nennt Intel die zentrale Wissensdatenbank, die im Zusammenhang mit dem Projekt entstanden ist und seitdem einen wesentlichen Bestandteil des betrieblichen *Wissensmanagements* bzw. *Knowledge Managements* bei Intel darstellt, als einen weiteren signifikanten Vorteil. Der Teil der Wissensdatenbank, welcher für die SCOR-Projekte erstellt und benutzt wurde, wurde danach für eine Reihe von übergreifenden Projekten verwendet. Dies umfasste unter anderem eine Initiative zur Geschäftsprozess-Modellierung im Zusammenhang mit der Einführung eines betrieblichen Planungs- und Warenwirtschaftssystems (ERP-System).

> Für eine allgemeine Einführung in das *Wissensmanagement (Knowledge Management)* sind unter anderem Lehner (2009) und Probst u. a. (2006) zu empfehlen. Ein spezieller Bezug der Thematik zum Supply Chain Management findet sich beispielsweise bei Reichling (2008).

Die Ansicht führender Forschungsunternehmen wie z. B. der META Group (www.meta-group.com) weist in dieselbe Richtung: Sie schätzen den SCOR-basierten Leistungsvergleich von Lieferketten als gute Möglichkeit ein, Unternehmen mit wertvollen Informationen zu versorgen, um ihre Geschäftsprozesse zu analysieren und zu optimieren. Insbesondere wird der Nutzen der Kennzahlen hervorgehoben, die es erlauben, das Leistungsvermögen der Supply Chain mit dem von Wettbewerbern zu vergleichen.

In diesem Zusammenhang betonen die Forschungsunternehmen auch den besonderen Nutzen gegenüber der bereits angesprochenen herkömmlichen Supply Chain Scorecard, wobei sie die Letztgenannte im Vergleich als eher eindimensional und nur unzureichend integriert einstufen. Dadurch kommen die Vorteile und Stärken der im Rahmen des SCOR-Modells verwendeten Kennzahlen besonders stark zur Geltung.

2.4 Beispiele aus der Unternehmenspraxis: Analyse und Optimierung der Materialflüsse

Wie zu Beginn dieses Kapitels dargestellt, sind die Material-
und Informationsflüsse und die Arbeitsabläufe von maßgebli-
cher Bedeutung im Supply Chain Management sowie innerhalb
des eingangs dargestellten Integrationskonzepts zur Gestaltung
von Geschäftsprozessen. Eine Analyse und darauf aufbauende
Optimierung sollte deshalb in regelmäßigen Zeitintervallen erfolgen, um die angestrebte Effektivität und Effizienz der damit
zusammenhängenden Prozesse in der Beschaffung, Fertigung,
Lagerung und Logistik sicherzustellen.

Die folgenden Ausführungen zeigen exemplarisch, wie sich
die Materialflüsse in der Praxis analysieren und verbessern lassen (siehe Bolstorff u. a. [2007], S. 131 ff.). Für die Arbeitsabläufe und Informationsflüsse gibt es vergleichbare Vorgehens-
muster. Wie wir bereits im Zusammenhang mit dem Integrationskonzept gesehen haben, ist es erforderlich, alle relevanten
Faktoren zu betrachten und einzubeziehen, um die Geschäftsprozesse optimal zu gestalten und die unternehmerischen Ziele
zu erreichen.

2.4.1 Bestandsaufnahme der bestehenden Materialflüsse

Bei der Analyse und Beschreibung der aktuellen Materialflüsse
gilt es vor allem,

- bei der Darstellung der Einzelheiten die erforderliche Genauigkeit einzuhalten, d. h. einen angemessenen Detaillierungsgrad sicherzustellen,
- die physischen Standorte in geografischen Karten wirklich-
  keitsnah darzustellen, z. B. anhand der Prozesstypen auf der
  zweiten SCOR-Ebene,

- das Leistungsvermögen der Materialflüsse in einer Tabelle darzustellen.

Die erste Aufgabe bei der Analyse von Materialflüssen besteht darin, den Detaillierungsgrad festzulegen, um etwaige Ineffizienzen ausfindig zu machen. Folgende Faktoren können bei der Bestimmung der angemessenen Genauigkeit hilfreich sein:

- Im Falle der Ist-Werte ist es häufig einfacher, Materialflüsse in Form einer Lieferketten-Matrix aus Sicht der Produkte (üblicherweise dargestellt in Spalten) und nicht aus der Sicht der Kunden (üblicherweise dargestellt in Reihen) festzulegen. Der Grund hierfür ist, dass erfahrungsgemäß physische Standorte, Rohmaterialien, Lieferanten sowie Groß- und Einzelhändler in der Regel nach Produkten, nicht nach Kunden geführt werden.
- Die Ebene der Produkte, welche kartografisch dargestellt werden soll, spielt bei dieser Vorgehensweise eine wichtige Rolle. Eine kartografische Darstellung der Materialflüsse auf der Ebene des Bestands an lagerhaltigen Produkten ist arbeitsaufwendiger als eine auf Ebene der Produktgruppe oder Produktfamilie. Um taktische und operative Ineffizienzen im Hinblick auf die Liefertermine, Durchlaufzeiten, Lagerverwaltungs- und Transportkosten, Lagerbestandsreichweite und Rücklieferungen so genau und umfassend wie möglich hervorzuheben, sollte unbedingt die höchste Ebene verwendet werden.

Wenn die Einzelheiten festgelegt sind, kann die Erstellung der geografischen Karte beginnen. Gewöhnlich zeichnet man zuerst die physischen Standorte ein, danach die Verbindungsstrecken der Produktfamilien zwischen diesen Standorten, wie in Abbildung 2.5 dargestellt.

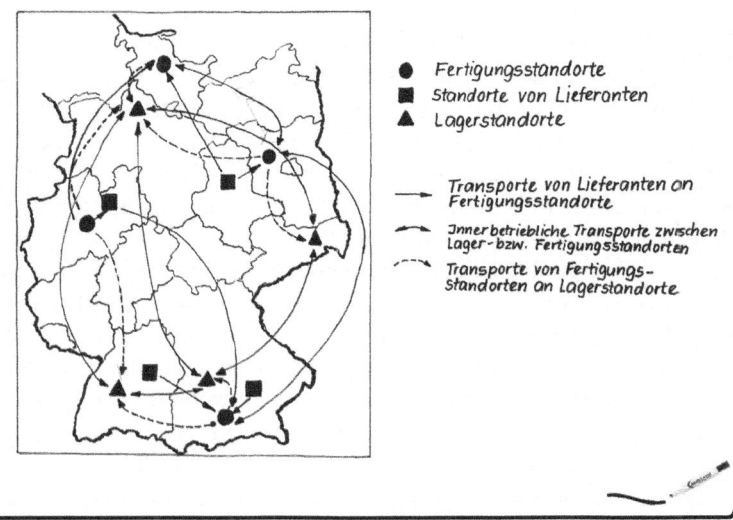

Abb. 2.5: Beispiel einer geografischen Karte nach Materialfluss-
arten (nach Bolstorff u. a. [2007], S. 149)

Die kartografische Skizze kann grundsätzlich auf zwei verschiedene Arten angefertigt werden:

- nach der Art der Materialbewegung (Eingangslieferungen,
  innerbetriebliche Lieferungen zwischen Fertigungsstandorten bzw. Warenlagern, Ausgangslieferungen und Rücklieferun-
  rungen), entsprechend Abbildung 2.5, oder
- entlang den Prozessen der Lieferkette.

Für viele Unternehmen bedeutet die Erstellung von geografischen Karten zur Darstellung der Materialflüsse die erste eingehende Betrachtung der Effizienz ihrer Materialbewegungen.
Die Leistungszusammenfassung der Materialflüsse ist daher
möglicherweise der erste Versuch, diese Effizienz zu quantifizieren und ihr einen realen Wert beizumessen. Bei dieser Auf-

gabe ist die Unterstützung durch die Transportabteilung und Logistikdienstleister erfahrungsgemäß sehr hilfreich.

Eine geografische Karte mit eingezeichneten Anfangs- und Endpunkten für Lieferungen von den Verteilzentren zu den Erfüllungsorten der Kunden sollte beispielsweise eine Auflistung der dabei bestehenden Ineffizienzen beinhalten. Eine solche Karte kann für Führungskräfte eine wertvolle Information sein. Ähnliche Karten können für innerbetriebliche Transporte zwischen den eigenen Lager- bzw. Fertigungsstandorten und für eingehende Lieferungen entwickelt werden. Sie können jedoch kein tiefer gehendes Verständnis der Einzelheiten vermitteln, das notwendig ist, um die ultimative Frage zu beantworten: *Was wären die (erwünschten und unerwünschten) Konsequenzen, wenn die identifizierten und in den Karten dargestellten Probleme gelöst würden?*

Die meisten Projektgruppen würden ihre Materialflussbewertung wahrscheinlich bevorzugt anhand der erstellten geografischen Karten vornehmen. Diese eher übergeordnete Sichtweise würde jedoch die Fähigkeit einschränken, individuelle Ereignisse oder Probleme transparent zu machen und damit vergleichen zu können. Eine weitere häufig beobachtete Präferenz besteht darin, sämtliche Materialflussprobleme einzeln lösen zu wollen. Diese detaillierte Sichtweise schränkt jedoch die Möglichkeiten stark ein, die Effizienz der gesamten Supply Chain zu betrachten. Deshalb sollte keine dieser beiden Sichtweisen vernachlässigt werden.

Wenn die geografische Karte fertig ist, folgt die Erstellung der Leistungszusammenfassung der Materialflüsse in tabellarischer Form. Ziel ist es dabei, eine möglichst umfassende Analyse der Leistungskennzahlen für jeden Standort durchzuführen. Häufig verwendete Kennzahlen im Hinblick auf den Beschaffungsprozess sind beispielsweise

- Pünktlichkeit und Vollständigkeit der Lieferungen von Zulieferern,

- Bestandsreichweite der Rohmaterialien an Lager- und Fertigungsstandorten und auf dem Transportweg,
- Transportkosten berechnet nach eingehenden Lieferungen,
- Dauer der Auftragsrückstände,
- Zykluszeit für die Beschaffung aufgrund aktueller Vertragsabkommen.

Um eine Lieferketten-Strategie auf effiziente Materialflüsse hin auszurichten, braucht es sowohl Kenntnisse und Erfahrung als auch gesammelte und erarbeitete Fakten. Kenntnisse und Erfahrung zur Betrachtung der Materialflüsse werden dabei aus einer übergeordneten Perspektive heraus eingesetzt, um zu verstehen, inwieweit sie mit der Supply-Chain-Strategie und den Geschäftspraktiken in Einklang stehen. Die Tatsachen hingegen zieht man heran, um den Blick auf Details zu richten und beispielsweise zu untersuchen, wie effektiv und effizient Transportmittel und Kapital zur Wiederauffüllung des Lagerbestands eingesetzt werden, um die Kundenanforderungen erfüllen zu können. Dieser Teil ist naturgemäß mit dem Durcharbeiten größerer Datenmengen verbunden.

Die Hauptkomponenten der Tabelle zur Leistungszusammenfassung der Materialflüsse sind normalerweise Ortsnamen, Umsatz, Lagerverwaltungskosten, Lagerbestandswert, Durchlaufzeiten, pünktliche Auftragserfüllungsraten und Rücklieferungsquoten. Abbildung 2.6 zeigt eine beispielhafte Tabelle für eine Produktgruppe und drei Standorte.

Die Tabelle stellt, expressis verbis, eine Zusammenfassung bzw. Übersicht dar. Jede darin enthaltene Komponente wird jedoch durch Detailinformationen unterstützt. Die Umsatzdaten repräsentieren den tatsächlichen Verkaufswert der Lieferungen von einem bestimmten Lieferstandort. Die Anzahl der Lieferungen und die Anzahl der Kunden z. B. nach Erfüllungsorten sind andere mögliche Einzelheiten, die in die Analyse einbezogen werden können.

Bereich	Merkmal	Einheit	Augsburg	Bremen	Dresden	Gesamt €
Lagerverwaltungskosten (Mio. €)	Umsätze		64,5	52,5	56,2	170,2
	Rohmaterial u. Halbfabrikate		0	0	0	0
	Fertigprodukte		0,87	1,04	0,97	2,88
Transportkosten (Mio. €)	Eingehende Lieferungen	€	2,28	4,92	2,07	22,34
		kg	5,4	4,5	4,9	44,83
		€/kg	0,42	0,43	0,42	20,62
	Unternehmensintern	€	0,85	0,72	0,77	
		kg	4,3	3,6	4	
		€/kg	0,2	0,2	0,19	
	Ausgehende Lieferungen	€	2,1		1,9	
		kg	5,5	4,6	5	
		€/kg	0,38	0,38	0,38	
Lagerbestand (Mio. €)	Rohmaterial	Lagerbestand €	0	0	0	0
		Verkaufskosten €	0	0	0	
		Tage	–	–	–	
	Lagerbestand in Produktion	Lagerbestand €	0	0	0	0
		Verkaufskosten €	0	0	0	
		Tage	–	–	–	
	Fertigprodukte	Lagerbestand €	22	20	18,5	576,9
		Verkaufskosten €	86,1	73,5	78,8	
		Tage	93	99	86	
Pünktliche Lieferungen (%)	Wareneingänge		0,67	0,59	0,61	
	Ausgehende Lieferungen		0,69	0,75	0,77	
Durchlaufzeit (Tage)	Eingehende Lieferungen		62	59	72	
	Unternehmensinterne Auftr.		3	4	3	
	Ausgehende Kundenauftr.		5	4	5	
Rücklieferungen (Mio. €)	Volumen (€)		19	16	17	52
	Lagerbestand		20 / 86,1 / 85	16,8 / 73,5 / 83	17,9 / 78,8 / 83	544,1
	Eingangsfrachten		0,25 / 1,2 / 0,21	0,24 / 1 / 0,24	0,23 / 1,1 / 0,21	4,68

Abb. 2.6: Beispiel zur Leistungsübersicht der Materialflüsse für eine Produktgruppe (nach Bolstorff u. a. [2007], S. 163)

Die Lagerhaltungskosten resultieren aus den Materialien und Produkten, die eingelagert und bewegt werden. Die beiden Lagerbestandskategorien, die in der Tabelle ausgewiesen sind, sind Rohmaterialien bzw. Halbfabrikate und Fertigprodukte. Die Transportkosten werden üblicherweise in drei Kategorien aggregiert:

- Frachtkosten für eingehende Lieferungen von Lieferanten
- Frachtkosten zwischen eigenen Standorten, d. h. Transport von Gütern zwischen Lager- und/oder Fertigungsstandorten
- Frachtkosten für ausgehende Lieferungen an Kunden

Für jede Kategorie sind die Kosten, das Gewicht und die Anzahl der Lieferungen relevante Informationen, um die Effizienz der Güterbewegungen einschätzen zu können. Die Kosten pro Lieferung und die Anzahl der Lieferungen, die notwendig sind, um einen Kundenauftrag zu erfüllen, sind in diesem Fall kritische Faktoren für die Leistungsmessung. Die Lagerbestandsdaten können dabei nach dem Produkttyp – Rohmaterialien, Halbfabrikate und Fertigprodukte – kategorisiert werden. Die jährlichen Kosten der verkauften Produkte nach Produkttyp, die zum Teil auch als Verkaufskosten (d. h. direkte sowie indirekte Kosten, die in einem Unternehmen anfallen, um Endprodukte herzustellen) bezeichnet werden, müssen bekannt sein, um die Bestandsreichweite berechnen zu können.

Die Quote der pünktlichen Erfüllung wird für eingehende und ausgehende Lieferungen berechnet. Viele Unternehmen ermitteln sowohl die pünktliche Auftragserfüllung (d. h. die komplette und wunschgerechte Erfüllung des Kundenauftrags im Hinblick auf den Termin, die Menge etc.) als auch die pünktliche Erfüllung von Kundenauftragspositionen (d. h. die korrekte Lieferung der jeweiligen Artikel, die zu einem Auftrag gehören). Dabei kalkulieren sie die Lieferzeit für sämtliche eingehenden Einkaufsaufträge, interne Transferaufträge und ausgehenden Verkaufsaufträge.

Die Daten für diesen Teil der Tabelle schließen sowohl die zeitliche Dauer ein, um einen Auftrag pünktlich zu erfüllen, als auch die zeitliche Dauer etwaiger Auftragsrückstände. Die Rücklieferungsdaten umfassen die Gesamtkosten der rückgelieferten Produkte, den Wert des Lagerbestands, die Bestandsreichweite auf Grundlage der jährlichen Verkaufskosten sowie das Frachtgewicht der Rücklieferung und die daraus resultierenden Versandkosten.

2.4.2 Durchführung einer Materialfluss-Engpass-Analyse

Die Analyse von Materialfluss-Engpässen konzentriert sich darauf, Ereignisse, Ineffizienzen und Probleme im Hinblick auf Güterbewegung zu identifizieren – von den Lieferanten über das Unternehmen bis hin zu den Kunden, mit anderen Worten: über die gesamte Lieferkette hinweg.

Für eine gute und brauchbare Darstellung eines Engpasses ist es erforderlich, das Problem in einem vollständigen, gut verständlichen Satz zu beschreiben, einen unmittelbaren Bezug zu aktuellen und realen Beispielen herzustellen (Benennung eines Produkts, Lieferanten, Kunden usw.) und die Häufigkeit einzuschätzen (täglich, wöchentlich, monatlich usw.). Eine gute Problemaussage beinhaltet gewöhnlich drei Sätze: einen zur Problembeschreibung, einen zur Beschreibung der Auswirkungen mit einem Beispiel sowie einen, um die Kennzahl(en) aus der Leistungszusammenfassung des betreffenden Materialflusses aufzuführen, auf den sich das Problem möglicherweise auswirken könnte.

Ein effektives und einfaches System bei dieser Aufgabe besteht darin, jeder Problemkategorie eine Zahl zuzuordnen (1, 2 usw.), jede Unterkategorie mit einer zweiten Zahl (z. B. 1.1, 1.2 usw.) und jeden einzelnen Engpass mit einer dritten Zahl zu versehen (1.1.1, 1.1.2 usw.). Die Tabelle in Abbildung 2.7

zeigt eine Vorlage zu den Dokumentationsmöglichkeiten der gesammelten Daten.

1.1 Bezeichnung des Engpasses für Kategorie 1	Nummer
Detaillierte Beschreibung des Engpasses bzw. der Ursache	
Erster Engpass der Gruppe 1	1.1.1
Zweiter Engpass der Gruppe 1	1.1.2

1.2 Bezeichnung des Engpasses für Kategorie 1	Nummer
Detaillierte Beschreibung des Engpasses bzw. der Ursache	
Erster Engpass der Gruppe 2	1.2.1
Zweiter Engpass der Gruppe 2	1.2.2

1.3 Bezeichnung des Engpasses für Kategorie 1	Nummer
Detaillierte Beschreibung des Engpasses bzw. der Ursache	
Erster Engpass der Gruppe 3	1.3.1
Zweiter Engpass der Gruppe 3	1.3.2

Abb. 2.7:   Vorlage für die Zusammenfassung der Engpässe (nach Bolstorff u. a. [2007], S. 181)

Zur Verdeutlichung zwei Beispiele denkbarer Materialfluss-Engpasskategorien einschließlich der Problembeschreibungen und zugehörigen Kennzahlen:

- Engpasskategorie 1.1: Ungenaue Prognosen der Geschäftsbereiche aufgrund eines Mangels an zuverlässigen Marktinformationen, schwachen Nachfragesignalen, zu vielen Produktvarianten und unzureichender Datenintegrität.

Das Resultat sind zu hohe Lagerbestände und entgangene Umsatzmöglichkeiten. Beispielsweise wird ein Artikel zu niedrig prognostiziert, obwohl dafür eine höhere Nachfrage besteht, während ein anderer Artikel zu hoch prognostiziert wird, obwohl dafür nur eine geringe Nachfrage vorliegt. Relevante Kennzahlen: Prognosegenauigkeit, Lieferleistung (Termin etc.), Umsatz, Transportkosten, Lagerbestand.

- Engpasskategorie 1.2: Ineffizienter Gütertransfer zwischen den Lagerhäusern und/oder fehlerhafter Abgleich mit den Lagerbeständen.

Das Resultat sind längere Durchlaufzeiten und eine ineffiziente Verwendung der Lagerbestände. So werden z. B. Fertigprodukte von einem Standort zu einem anderen transportiert, um eine Wiederauffüllung des dortigen Lagerbestandes als Reaktion auf gemeldete Auftragsrückstände zu ermöglichen. Tatsächlich sind die betreffenden Produkte dort jedoch möglicherweise in großer Zahl vorhanden und die Auftragsrückstände beziehen sich in Wahrheit auf andere Artikel. Relevante Kennzahlen: Umsatz, Lagerbestand, Transportkosten und Lagerverwaltungskosten.

Unter jeder Engpass- bzw. Problemkategorie sind beliebig viele individuelle Engpässe denkbar. Nachstehend einige Beispiele möglicher individueller Engpässe zu *Engpasskategorie 1.1 – Ungenaue Prognosen der Geschäftsbereiche*:

- Engpass 1.1.1: Die Prognosen für neue Produkte sind häufig ungenau und führen dazu, dass dem Unternehmen Umsätze entgehen.
- Engpass 1.1.2: Unzutreffende Prognosen für neue Produkte.
- Engpass 1.1.3: Unzureichende Marktinformationen für die Prognose neuer Produkte.
- Engpass 1.1.4: Eine Prognose auf Ebene der Produktfamilie bietet angesichts der Variantenvielfalt der lagerhaltigen Artikel keine ausreichende Unterstützung.

- Engpass 1.1.5: Die Wachstumsrate neuer Produkte ist nicht in den Vertriebsplänen und Prognosen enthalten.
- Engpass 1.1.6: Zu hohe Abhängigkeit von den Prognosen des Vertriebsbereichs für neue Produkte bzw. mangelnde Einbeziehung von marktstrategischen Prognosen.
- Engpass 1.1.7: Unstimmigkeiten zwischen den Vertriebsprognosen, Marketingprognosen und Prognosen der Geschäftsbereiche.
- Engpass 1.1.8: Fehler bei der Datenbearbeitung, die zu Fehlern in der Planung und Auftragsvergabe an Produktionsanlagen (für gefertigte Produkte) bzw. Lieferanten (für bezogene Artikel) führen.
- Engpass 1.1.9: Ersatzteile werden nicht als separate Nachfrageartikel prognostiziert, sondern es wird davon ausgegangen, dass diese durch die bestehenden Prognosen abgedeckt sind.
- Engpass 1.1.10: Mangelnde Transparenz des Einflusses von Rücklieferungen auf die (bereinigten) Verkaufszahlen an Endkunden und Zwischenhändler.

2.4.3 Erstellung von Ursache-Wirkungs-Diagrammen

Die oben genannten Engpasskategorien werden im nächsten Schritt zu einmaligen und eindeutigen Problemaussagen konsolidiert. Für die exemplarisch aufgeführten Engpasskategorien 1.1 und 1.2 könnten sich daraus beispielsweise folgende Aussagen ergeben:

- Schlechte Lagerbestandsplanung: Das Problem liegt darin, dass die Lagerbestände und Wiederauffüllungsaufträge rein operativ und reaktiv verwaltet werden.

- Ungenaue Prognosen: Das Problem liegt in unzureichend definierten Geschäftspraktiken, nicht optimierten Prognoseverfahren und mangelnden Kenntnissen der Mitarbeiter aus den Bereichen Marketing- und Absatzplanung.

Die *Sieben Qualitätswerkzeuge* sind Methoden des kontinuierlichen Verbesserungsprozesses mit grafisch dargestelltem Ergebnis. Sie wurden in den 1960er-Jahren in Japan zusammengestellt und bilden den zentralen Werkzeugkasten des Qualitätsmanagements. Die Sieben Qualitätswerkzeuge sind im Einzelnen: Prüfformular bzw. Strichliste, Streudiagramm, Ishikawa-Diagramm bzw. Ursache-Wirkungs-Diagramm, Pareto-Diagramm, grafischer Vergleich bzw. Schlichtung, Histogramm und Regelkarte (für eine Einführung in die Thematik des *Qualitätsmanagements* und die damit verbundenen Instrumente sind z. B. Schmitt und Pfeifer [2009] oder Töpfer und Mehdorn [2009] zu empfehlen).

Als ein Verfahren zur Strukturierung der Problemursachen und ihrer Auswirkungen bietet sich z. B. das nach seinem Erfinder Kaoru Ishikawa benannte *Ishikawa-Diagramm* an, das auch als *Ursache-Wirkungs-Diagramm* bekannt ist. Es basiert auf der Visualisierung eines Problemlösungsprozesses, mithilfe dessen nach den vorrangigen Ursachen eines bestimmten Problems gesucht wird, und wird häufig zu den sogenannten *Sieben Qualitätswerkzeugen* gezählt.

Ausgangspunkt ist ein horizontaler Pfeil nach rechts, an dessen Spitze das möglichst prägnant formulierte Problem steht (z. B. hohe Fehlerquote bei einem bestimmten Arbeitsvorgang). Auf diesen Pfeil zielen von oben und unten schräge Ursachenpfeile, welche dem Diagramm auch die weit verbreiteten Bezeichnungen *Fischgräten-Diagramm* oder *Tannenbaum-Diagramm* eingebracht haben. Die Hauptpfeile werden meist mit den Grundkategorien *Material*, *Maschine*, *Methode* und *Mensch* bezeichnet. Weitere typische Kategorien sind *Umfeld*, *Unternehmen*, *Messung* und *Prozesse*.

Auf diese Hauptpfeile zielen nun wiederum horizontale Pfeile, an denen die gefundenen Problemursachen eingetragen werden. Im Wechsel der schrägen und horizontalen Pfeile kann man schrittweise nach immer tiefer gehenden Ursachen forschen. Als Faustregel gilt hierbei die Technik der *fünf aufeinander folgenden Fragen*, wobei aufgrund von Erfahrungswerten angenommen wird, dass man zu einem bestimmten Sachverhalt bis zu fünfmal mit gezielten Fragen nach dem *Warum* vorgehen muss, um an die eigentliche Wurzel des Problems zu gelangen. Abbildung 2.8 stellt eine Vorlage als Startpunkt für ein Ursache-Wirkungs-Diagramm dar.

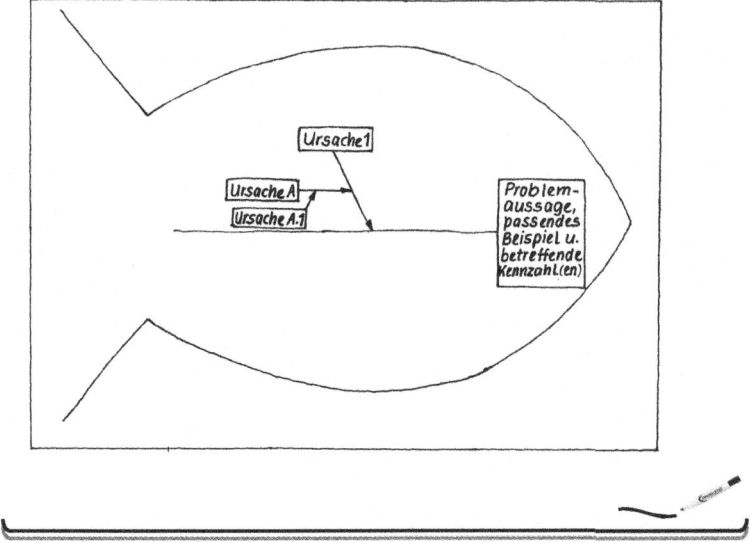

Abb. 2.8:   Vorlage des Ursache-Wirkungs-Diagramms (nach Bolstorff u. a. [2007], S. 187)

Die einzelnen Problemaussagen, d. h. die Wirkungen, bilden hierbei den Ausgangspunkt (rechte Seite des Schaubilds). Im ersten Schritt wird die Ursache auf einer übergeordneten Ebene benannt (in der Abbildung *Ursache 1)* und danach eine Ebene tiefer gegangen *(Ursache A)*. In jedem Fall sollte versucht werden, bis zur zweiten Ebene der Ursachenhierarchie vorzudringen *(Ursache A.1)*.

2.4.4 Erarbeitung konkreter Verbesserungs-vorschläge

Abschließend gilt es, die Verbesserungspotenziale zu quantifizieren. Das Quantifizierungsverfahren kann beispielsweise auf den folgenden fünf Grundprinzipien basieren:

- Im Hinblick auf die Höhe der Verbesserungen sollte man von möglichst realistischen Annahmen ausgehen, um zu hohe oder gar unrealistische Erwartungen zu vemeiden.
- Die Abschätzung der Auswirkungen des prognostizierten Wachstums soll auf der Annahme basieren, dass der Umsatz in der betreffenden Finanzperiode konstant ist. Die Verbesserungen können etwa auf jährlicher Basis berechnet und die Gewinnzuwächse mittels des Umsatzwachstums abgebildet werden (d. h. es wird von einer linearen Gewinnentwicklung ausgegangen).
- Der quantitative Wert der Eliminierung eines Problems soll unter Einbeziehung der Standorte und Messgrößen aus der Tabelle für die Leistungszusammenfassung der Materialflüsse abgeschätzt werden.
- Alle Annahmen im Hinblick auf die abgeschätzten Werte sollten klar und deutlich dokumentiert werden. Dieses Prinzip ist besonders wichtig, denn die Erfahrung zeigt, dass Zweifel an den Verbesserungspotenzialen weit häufiger auf unklare oder fehlende Annahmen zurückzuführen sind als auf die Zahlenwerte.

- Bevor die Zahlen und Annahmen veröffentlicht werden, sollten alle Mitarbeiter identifiziert und eingebunden werden, die zu einer gewissenhaften Prüfung und objektiven Validierung beitragen können. Die daraus resultierenden Nutzenaspekte betreffen sowohl die inhaltliche Seite als auch den Veränderungsprozess: Zum einen verbessert sich dadurch die Qualität im Hinblick auf die Gültigkeit und Zuverlässigkeit des Zahlenmaterials, zum anderen erhalten alle relevanten Mitarbeiter aus der Organisation einen Einblick in die Projektaktivitäten.

Die Möglichkeiten, die Verbesserungspotenziale zu dokumentieren, reichen von einfachen Kalkulationstabellen bis hin zu hoch entwickelten Werkzeugen zur Lieferketten-Modellierung und -Simulation. Die eigentliche Herausforderung besteht aber unabhängig von der eingesetzten Anwendung darin festzulegen, welche finanziellen Auswirkungen ein Wert als Resultat der Eliminierung eines Problems auf den Gewinn- und Verlustbericht und die Bilanz hat. Es ist deshalb nachvollziehbar, dass sich Mitarbeiter mit den Abschätzungen häufig schwertun. Um die Aufgabe zu erleichtern, kann etwa eine Auf- bzw. Abrundung auf ganze 50.000 oder 100.000 Euro erfolgen.

Eine weitere Hilfe kann es sein, einen Wert für jede Ursache auf der untersten Ursachenebene zu bestimmen und dann aus den einzelnen Werten durch Addition eine Gesamtsumme für das betreffende Ursache-Wirkungsdiagramm bzw. die zugehörige Problemaussage zu berechnen. In anderen Fällen kann es dagegen vorteilhaft sein, unmittelbar einen Gesamtwert für das ganze Diagramm bzw. die Problemaussage abzuschätzen. Unter der Voraussetzung, dass die zugrunde liegenden Annahmen detailliert dokumentiert werden, sind beide Vorgehensweisen akzeptabel.

Viele Unternehmen haben die Fähigkeiten und Verfahren zum Management ihrer Supply Chain noch nie eingehend untersucht. Diese Betrachtung hat den primären Zweck, eine Bezugsgrundlage zu schaffen, die man später dazu nutzen kann, die erzielten Verbesserungen zu messen. Wie schwierig es ist, die Verbesserungsmöglichkeiten zu bewerten, hängt in hohem Maße von den Erfahrungen der Projektmitglieder mit Kostenrechnungsverfahren ab. Da es sich bei Leistungen innerhalb der Lieferkette oftmals um übergreifende Aufgaben sowie um Querschnittsaufgaben handelt, gestaltet sich eine Kostenzuordnung auf interne Kostenstellen schwierig. Darüber hinaus ist die Kostenverteilung auf inner- und überbetrieblicher Ebene nicht immer transparent.

Neben der klassischen Zuordnung von Kosten auf Kostenstellen hat deshalb in den vergangenen Jahren insbesondere für Logistikleistungen die bereits angesprochene Prozesskostenrechnung an Bedeutung gewonnen. Denn im Mittelpunkt der Prozesskostenermittlung steht der Versuch, kostenrelevante Einflussfaktoren bzw. Kostentreiber zu identifizieren. Dabei wird zwischen mengen- und leistungsabhängigen Kostentreibern unterschieden. In dem Fall ordnet man die Produktgemeinkosten der indirekten Leistungsbereiche auf die hergestellten Produkte nicht auf Basis wertmäßiger Bezugsgrößen zu, sondern entsprechend den Tätigkeiten, die zur Herstellung erforderlich sind (Prozesse und Aktivitäten) und unter Berücksichtigung der Bezugsgrößen, die die Prozesse beeinflussen (Kostentreiber).

Ziel ist es letztlich, die Kosten je Prozessdurchführung zu ermitteln, wobei die relevanten Basisdaten aus den einzelnen Tätigkeiten der jeweiligen Prozesse stammen. Trotz ihrer Fortschrittlichkeit sind Verfahren wie die Prozesskostenrechnung aber auch bestenfalls ein Weg, die Verbesserungsmöglichkeiten ungefähr einzuschätzen.

Im Hinblick auf die zu Beginn von Absatz 2.4.3 dargestellte Engpasskategorie *Schlechte Lagerbestandsplanung* könnten beispielsweise die folgenden Möglichkeiten zur Steigerung der Gewinne identifiziert werden, die aus der Eliminierung der zugehörigen Problemaussage durch Verbesserung der betreffenden Materialflüsse resultieren:

• Verringerung von inaktiven Lagerbeständen in den Lagerhäusern durch Optimierung der Absatz- und Produktionsplanungsprozesse, um die Konkurrenzanforderungen bezüglich Lagerbeständen zu erfüllen und die Lagerbestandsreichweite um eine bestimmte Anzahl an Tagen zu verringern.
• Verminderung des inaktiven Lagerbestandes um einen bestimmten Prozentsatz. Unter Zugrundelegung von Bestandsabschreibungen betreffen die daraus resultierenden Kosteneinsparungen im ersten Jahr meistens lediglich das Arbeitskapital. Im zweiten Jahr jedoch wirken sich die Kosteneinsparungen in den meisten Fällen direkt auf den Gewinn aus, weil Abschreibungen wegfallen.
• Ständige und unmittelbare Verfügbarkeit genauer Lagerbestandszahlen. Dadurch lässt sich die Zeit für die mehrfache Bearbeitung eines Auftrags, den Versand von Bestandsumlagerungsaufträgen und die Benachrichtigung von Außendienst-Mitarbeitern reduzieren.

Häufig ist es möglich, eine größere Zahl der Problemaussagen bzw. Ursache-Wirkungs-Diagramme durch relativ wenige, dafür aber weit reichende Änderungen zu eliminieren. Es gibt jedoch keine allgemeingültigen Regeln dafür, wie lange es dauert, Lösungsansätze zu entwickeln und umzusetzen. Dies hängt stark davon ab, wie umfangreich und komplex die damit verbundenen Probleme sind.

Der Einsatz von führenden Geschäftspraktiken (Best Practices) ist bei der Erarbeitung von Lösungsansätzen erfahrungsgemäß sehr hilfreich. Im Hinblick auf die oben genannte Eng-

passkategorie bzw. Problemaussage *Schlechte Lagerbestandsplanung* könnte so ein Lösungsvorschlag darin bestehen, das
bereits angesprochene Konzept der gemeinschaftlichen Planung, Prognose und Wiederauffüllung bzw. Collaborative
Planning, Forecasting and Replenishment (CPFR) anzuwenden, um die Materialflüsse zu verbessern. Daraus können wiederum die folgenden potenziellen Maßnahmen zur Gestaltung
der zukünftigen Materialflüsse resultieren:

- Verkürzung der Durchlaufzeiten durch Verbesserungen im
  Hinblick auf die Lagerbestandsaggregation und Einlage-
  rungstechniken. Ziel ist es, die Lieferzuverlässigkeit zu erhöhen und Transportkosten zu senken.
- Durchführung einer erhöhten Anzahl an Direktlieferungen
  von Lieferanten an die Lagerhäuser bestimmter Einzelhan-
  delskunden. Dies würde eine Veränderung der Verbindungs-
  linien in den geografischen Karten bedeuten. In den künftigen Karten würden die betreffenden Materialien direkt von
  den Lieferanten zu einem regionalen Lagerhaus des Endkunden transportiert (d. h. ohne direkte Einbindung des Stammhauses in den Materialfluss), statt wie zuvor über einige Lagerhäuser und erst im letzten Schritt zu den Standorten der
  Endkunden.
- Optimierung des Materialflusses für rückgelieferte Güter.
  Vor der Änderung wurden zum Beispiel sämtliche Rücklieferungen von den Standorten der Kunden zu der am nächsten gelegenen Lagerstätte des Stammhauses transportiert. In
  den künftigen Karten werden die rückgelieferten Güter zunächst in einem regionalen Lagerhaus des Kunden konsolidiert und anschließend an eine zentrale Lagerstätte des
  Stammhauses transportiert, welche als Anlaufstelle für die
  Annahme aller Rücklieferungen fungiert.

Weil es für jede Engpasskategorie und Problemaussage eine
Vielzahl von Lösungsvorschlägen geben kann und es darüber
hinaus erfahrungsgemäß eine Vielzahl von Engpasskategorien

und Problemaussagen gibt, müssen die erarbeiteten Lösungs-
vorschläge abschließend priorisiert werden. Hierzu bietet sich
etwa die Erstellung einer Engpass-Potenzial-Matrix an.

Diese Matrix besteht typischerweise aus vier Feldern bzw.
Quadranten, in denen die Projekte anhand des Schwierigkeits-
grads ihrer Umsetzung und des erwarteten Nutzens positioniert
werden, wie in Abbildung 2.9 dargestellt. Es empfiehlt sich
und ist naheliegend, zunächst Projekte anzugehen, deren Nutzen hoch und Schwierigkeitsgrad gering ist – in der Abbildung
also das Projekt mit der Nummer 2.

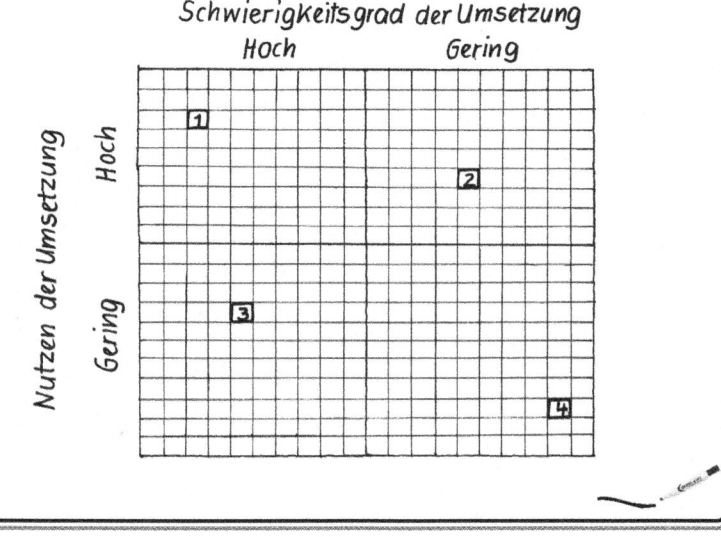

Abb. 2.9:   Beispiel einer Engpass-Potenzial-Matrix (nach Bolstorff
u. a. [2007], S. 211)

Wie bereits angesprochen, sollten neben den erarbeiteten Vorschlägen zur Verbesserung der Materialflüsse unbedingt auch die Verbesserungsvorschläge zu den Arbeitsabläufen und Informationsflüssen in die Betrachtung einbezogen werden. Die daraus resultierende konsolidierte Aufstellung ist eine ausgezeichnete Entscheidungsgrundlage für die Durchführung von Verbesserungsprojekten mit einer kurzen Amortisationsdauer (z. B. 6 Monate). Die dabei erzielten Erfolge lassen sich dann dazu nutzen, weitere Initiativen anzustoßen, mit denen über einen längeren Zeitraum höhere Kapitalrenditen erzielt werden sollen.

Kapitel 3: Innovative Konzepte zur Gestaltung und Optimierung von Lieferketten

Wenn eine bessere Lösung mit mehr Flexibilität und Reaktions-fähigkeit oder einer höheren Wertschöpfung gefunden wird, zö-gert man nicht, die bestehende Lösung abzulösen, um sicherzu-stellen, dass die Supply-Chain-Strategie weiterhin mit der Ge-schäftsstrategie des Unternehmens übereinstimmt. Die gesamte Lieferkette ist flexibel und anpassungsfreudig und entwickelt sich ständig weiter. Was sich jedoch nicht ändert, ist ihre Be-deutung als Schlüsselfunktion für eine starke Wettbewerbsposi-tion.

(nach Cohen und Roussel [2006], S. 280 f.)

3.1 Flexible Geschäftsprozesse durch adaptive Supply Chains

Seit etwa dem Jahr 2000 hat sich für viele Unternehmen, vor allem aus den Bereichen des produzierenden Gewerbes und des Groß- und Einzelhandels, gezeigt, dass im heutigen Wettbe-werbsumfeld die Leistungsfähigkeit und Effizienz der Liefer-kette notwendige Bedingungen für den Unternehmenserfolg sind. Um die Sicherstellung dieser Bedingungen zu unterstüt-zen, werden derzeit *anpassungsfähige Lieferketten* oder *adap-tive Supply Chains* diskutiert. Teils finden sich dafür auch Be-griffe wie *anpassungsfähige Netzwerke, agile Supply Chains* und *adaptive Business Networks.*

R.G. Poluha, *Quintessenz des Supply Chain Managements*, Quintessenz-Reihe,
DOI 10.1007/978-3-642-01584-7_3, © Springer-Verlag Berlin Heidelberg 2010

3.1.1 Verbindung von Lieferkettenabläufen zu integrierten Unternehmensprozessen

Adaptive Lieferketten sind derzeit im Begriff, das eingangs dargestellte traditionelle, lineare Lieferketten-Konzept und die fortgeschritteneren, dynamischen Supply Chains zu ersetzen. Sie besitzen die Flexibilität, sich kontinuierlich an wechselnde Markterfordernisse anzupassen und damit in optimaler Weise, d. h. mit maximaler Effizienz und in „Echtzeit" („real-time"), auf die jeweiligen Umgebungsvariablen zu reagieren. Um diese Anforderungen erfüllen zu können, verbinden sie Planungs-, Beschaffungs-, Fertigungs- und Distributionsabläufe zu integrierten Unternehmensprozessen und versorgen die integrierte Lieferkette mit Echtzeit-Informationen. Dadurch ermöglichen sie schnellere und bessere Entscheidungen sowie deren effiziente und effektive Ausführung.

Zu den Voraussetzungen und Besonderheiten von *adaptiven Lieferketten* ist das Buch von Claus Heinrich und Bob Betts besonders zu empfehlen (siehe Heinrich und Betts [2003]). Außerdem gibt es eine Reihe von interessanten Beiträgen zu diesem Thema, z. B. Colehower u. a. (2003), Holcomb u. a. (2003), Radjou u. a. (2002) und Segal (2003). Auch wenn die meisten davon schon einige Jahre alt sind, befindet sich die praktische Umsetzung in Unternehmen derzeit (Ende 2009) noch in einem relativ frühen Stadium.

Um eine traditionelle Lieferkette in ein anpassungsfähiges Netzwerk umzuwandeln, ist es erforderlich, die zugrunde liegenden Geschäftsprozesse zu überprüfen und ggf. zu verändern, um wettbewerbsfähig zu bleiben. Die Supply Chain stellt dann kein statisches System mehr dar, sondern vielmehr ein sich permanent veränderndes und anpassendes, hoch leistungsfähiges Netzwerk. Dabei spielen die durch das Internet bedingten Veränderungen der Marktbedingungen eine maßgebliche Rolle, und das Resultat muss im Kontext mit den heute verfügbaren, internetbasierten Möglichkeiten gesehen werden. Daraus lassen sich die folgenden charakteristischen Eigenschaften adaptiver Lieferketten ableiten: Sie sind

IT-Systeme zur Unterstützung des SCM versuchen unter anderem, den Zustand der Supply Chain in (nahezu) „Echtzeit" darzustellen. Dafür werden Daten zum Bedarf, Zustand, Standort etc. von Materialien und Produkten entlang der Lieferkette an bestimmten (Übergabe-)Punkten erfasst. Dies kann z. B. durch Scannen einer individuellen Strichcodierung (Barcode) oder durch Identifizierung mittels elektromagnetischen Wellen (sog. *Radio Frequency Identification* oder kurz *RFID*) erfolgen. Die Verknüpfung dieser Echtzeit-Daten mit in IT-Systemen hinterlegten Daten im Rahmen einer *ereignisgesteuerten Lieferkette* wird als *Supply Chain Event Management (SCEM)* bezeichnet (siehe hierzu etwa Ijioui u. a. [2006] und Staud [2006]).

- *ereignisgesteuert:*
  Hierbei kommt das bereits angesprochene Prinzip der Steuerung mittels Nachfragesog zum Einsatz, welches durch Informationstechnologie unterstützt wird.
- *unternehmensbezogen:*
  Damit ist die Fokussierung auf die folgenden Komponenten des im ersten Kapitel vorgestellten Integrationskonzepts zur Gestaltung der Geschäftsprozesse gemeint: Einflussfaktoren (Personal, Organisation und Informationstechnologie), Unternehmensziele, -strategien und -richtlinien sowie Unternehmenskontext (Branche etc.).
- *selbstregulierend:*
  Durch den Einsatz geeigneter Anwendungslösungen soll die Supply Chain kontinuierlich an die tatsächliche Nachfrage angepasst werden, um damit proaktiv Lieferengpässe, aber auch Überbestände zu vermeiden.

Abbildung 3.1 stellt den Zusammenhang vereinfacht dar und macht deutlich, dass alle genannten Eigenschaften vorhanden sein müssen, um eine adaptive Lieferkette zu konstituieren.

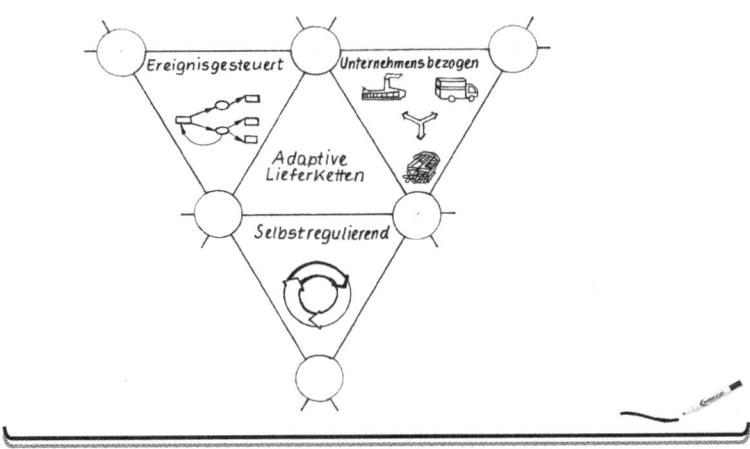

Abb. 3.1:   Charakteristische Eigenschaften adaptiver Lieferketten
(nach Radjou u. a. [2002], S. 3)

Unter Einbeziehung der im ersten Kapitel vorgestellten geschäftsprozessorientierten Beschreibung des E-Business (siehe
Seibt [2001], S. 11) lässt sich damit die folgende Begriffsfest-
legung treffen:

Adaptive Lieferketten oder *Electronic-Business-Netzwerke*
sind unternehmensbezogen, ereignisgesteuert und selbstregulierend. Sie basieren auf einer mittels Informationstechnologie integrierten Lieferkette, in welcher der Fluss von
Informationen zwischen den verschiedenen Supply-Chain-
Partnern den Integrationsfaktor darstellt. Zu diesem Zweck
werden mehrere bis alle die Lieferkette betreffenden Geschäftsprozesse innerhalb des Unternehmens, zwischen dem
Unternehmen und seinen Geschäftspartnern sowie zwischen
dem Unternehmen und Dritten (z. B. Behörden) ganz oder
teilweise über elektronische Kommunikationsnetze realisiert
und durch den Einsatz geeigneter IT-Systeme und Anwendungslösungen unterstützt.

Alle dargestellten Eigenschaften stehen in Zusammenhang mit dem Einsatz geeigneter Informationstechnologien oder machen diesen sogar zwingend erforderlich. Auf die damit verbundenen Aspekte geht Absatz 3.1.3 näher ein. Zunächst jedoch betrachten wir, wie sich adaptive Supply Chains in der Praxis umsetzen lassen.

3.1.2 Praktische Umsetzung anpassungsfähiger Netzwerke

Die Umsetzung adaptiver Lieferketten geht von einer bestehenden Lieferkette aus und lässt sich anschaulich in Form eines schrittweisen Prozesses darstellen (nach Heinrich und Betts [2003], S. 79 ff.):

- Erster Schritt: *Transparenz (Visibility)*
  Austausch von Informationen und Abwicklung von Standard-Prozessen für Routinetransaktionen mit den Supply-Chain-Partnern, Austausch von Informationen mittels internetbasierter Technologie, weitergehende Einblickmöglichkeiten in Geschäftsprozess- und Datenprobleme.
- Zweiter Schritt: *Lieferketten-Gemeinschaft (Community)*
  Abwicklung regelmäßig wiederkehrender Transaktionen mittels sogenannter Portale (virtuelle Marktplätze, über welche die Anwender elektronische Geschäfte abwickeln können), Einführung von Mindest- und Höchstkontrollwerten (z. B. für Lagerbestände), Senkung von Lagerbeständen und Effizienzsteigerung von Prozessabläufen mittels Automatisierung.
- Dritter Schritt: *Zusammenarbeit (Collaboration)*
  Austausch von Kundenbedarfsinformationen unter den Supply-Chain-Partnern, beispielsweise durch gemeinsame Auftragsplanung bzw. Collaborative Order Planning (d. h. Austausch von Auftrags- und Planungsdaten zwischen verschiedenen Akteuren innerhalb der Lieferkette), Festsetzung von

Das *Konzept des lieferantenverwalteten Lagerbestands* oder *Vendor-Managed Inventory (VMI)*, auch *lieferantengesteuerter Bestand* oder *Supplier-Managed Inventory (SMI)*, ist ein logistisches Mittel, um die Performanz in der Lieferkette zu verbessern, bei dem der Lieferant Zugriff auf die Lagerbestands- und Nachfragedaten des Kunden hat. Dabei übernimmt der Lieferant die Verantwortung für die Bestände seiner Produkte beim Kunden. Der Bestand beim Kunden wird vollständig vom Lieferanten verwaltet. Häufig räumt dieser dem Kunden im Gegenzug ein volles Rückgaberecht ein. Grundlage für die Berechnung der Lieferungen sind beispielsweise Verbrauchs- oder Abverkaufszahlen, die entweder bei der regelmäßigen Aufstockung durch den Lieferanten erfasst oder aber elektronisch übermittelt werden (siehe etwa Wannenwetsch [2009], S. 315 ff.).

Zielgrößen zur Bestandsauffüllung (z. B. durch Einsatz des bereits erwähnten Konzepts der gemeinschaftlichen Planung, Prognose und Wiederauffüllung bzw. Collaborative Planning, Forecasting and Replenishment), Übertragung der Verantwortung für die Auffüllung der Lagerbestände an die Lieferanten (hierzu kann beispielsweise das *Konzept des lieferantenverwalteten Lagerbestands* oder *Vendor-Managed Inventory*, abgekürzt *VMI*, eingesetzt werden) und die Möglichkeit, Lagerbestände entsprechend den Auftragseingängen zuzuweisen, um eine maximale Anzahl an Aufträgen erfüllen zu können.

- Vierter Schritt: *Anpassungsfähigkeit (Adaptability)*

Signifikante Verkürzung von Prozesszeiten, vielfach Beseitigung von Arbeitsschritten, erhebliche Senkung von Lagerbeständen und Arbeitskapital, Eröffnung neuer Marktchancen durch strategische Partnerschaften und beschleunigte Einführung neuer Produkte.

Die Schritte eins bis drei wurden, zumindest teilweise, bereits in der Vergangenheit im Rahmen traditioneller Supply-Chain-Strategien entwickelt und angewandt. Der maßgebliche Unterschied liegt im vierten Schritt, der erst die Entwicklung hin zu einem anpassungsfähigen Netzwerk möglich macht. In diesem Schritt beginnen Unternehmen damit, eine große Zahl an Geschäftsprozessen zu standardisieren und zu automatisieren. Damit ist zwangsläufig auch eine zunehmende Komplexität im Hinblick auf die unterstützenden Informationstechnologien verbunden, ebenso wie ein deutlich höheres Maß an Automatisierung unter den Mitgliedern der unternehmensübergreifenden bzw. integrierten Lieferkette. Im vierten Schritt wird der Übergang zu Electronic-Business-Netzwerken abgeschlossen. Abbildung 3.2 fasst die Entwicklungsstufen zusammen.

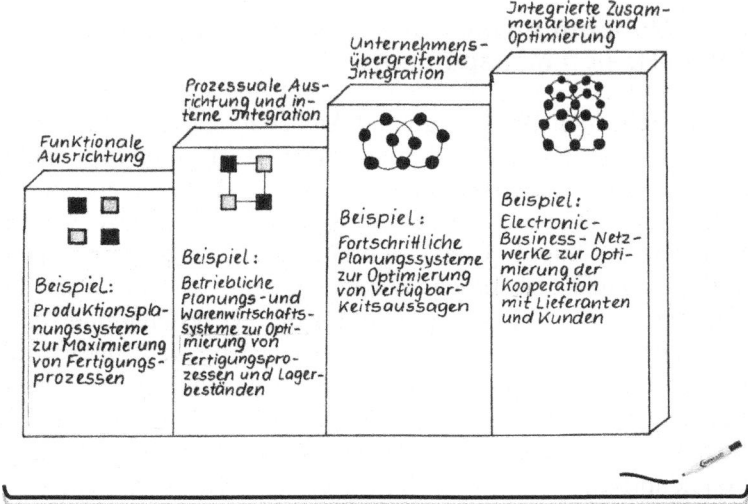

Abb. 3.2: Entwicklungsstufen von Electronic-Business-Netzwerken (nach Hofmann [2004], S. 85)

Die besonderen Herausforderungen im Hinblick auf anpassungsfähige Netzwerke resultierten daraus, dass Informationen sowohl innerhalb des Unternehmens als auch mit den relevanten Supply-Chain-Partnern ausgetauscht werden müssen. Um die Abwicklung elektronischer Partnerschaften und Allianzen effektiv zu gestalten und Ineffizienzen und Redundanzen zu vermeiden, müssen Firmen verschiedenartige Informationssysteme eingliedern. Die daraus resultierenden Lieferketten-Umgebungen bestehen aus einer Vielzahl von Sub-Prozessen und Aktivitäten und sind von komplexerer Natur. Die wettbewerbsseitigen Anforderungen forcieren regelrecht revolutionäre Veränderungen der bestehenden Supply-Chain-Prozesse. Die Folge ist eine zunehmende Umwandlung von linearen und eher statischen Lieferketten in anpassungsfähige Netzwerke.

3.1.3 Moderne Anwendungslösungen des Supply Chain Design Managements

Die bestehenden Werkzeuge und Anwendungen zur Unterstützung des Supply Chain Managements können häufig nicht mehr oder nur äußerst bedingt mit den Veränderungen Schritt halten, die umgesetzt werden müssen, um die Effektivität und Effizienz der Supply Chain zu erhöhen. Dieser Abschnitt geht auf die neuen, modernen Werkzeuge ein, die hier Abhilfe schaffen sollen. Ebenso wie man für die IT-Systeme und -Anwendungen, die die Planung und Steuerung der Lieferkette unterstützen, stellenweise auch den im ersten Kapitel vorgestellten Begriff des Electronic Supply Chain Managements (E-SCM) verwendet, kann für die IT-Systeme zur Unterstützung von adaptiven Lieferketten bzw. Electronic-Business-Netzwerken der Begriff des *Supply Chain Design Managements* oder kurz *SCDM* verwendet werden.

Das Konzept des Supply Chain Design Managements basiert auf einem gegebenen Lieferketten-Modell und zielt auf Möglichkeiten ab, adaptive Lieferketten zu simulieren und kontinuierlich zu optimieren. Es stellt eine gänzlich neue Art von IT-Werkzeugen dar, die dabei helfen sollen, Supply-Chain-Prozesse und -Leistungsindikatoren ebenso wie die Informations-

flüsse innerhalb eines Unternehmens und zwischen den Supply-Chain-Partnern zu identifizieren und zu verbessern. Es verfolgt damit primär die folgenden Ziele:

- Validierung des aktuellen Lieferketten-Modells anhand von
  bestehenden Geschäftsprozessen (Ist-Analyse)
- Simulation und Vorhersage, wie Anpassungen der Lieferket-
  ten-Strukturen an die angestrebten bzw. Soll-Geschäftspro-
  zesse die Performanz der Supply Chain beinflussen
- Anwendung von Leistungsindikatoren gemäß Industriestan-
  dards zur Durchführung von Analysen alternativer Supply-
  Chain-Szenarios
- Messung, Vorhersage und Kontrolle von Lieferketten-Ein-
  flussfaktoren zur Identifikation von Verbesserungspotenzialen
- Verknüpfung von Geschäfts- und Supply-Chain-Prozessen
  auf tieferen Ebenen, die für die Steuerung von Betriebsab-
  läufen und Anwendungssystemen relevant sind

Ein durch Supply Chain Design Management unterstütztes
Lieferketten-Modell ist vor allem dann besonders effektiv,
wenn es sowohl bei den entscheidungsverantwortlichen Führungskräften (unternehmensintern) als auch bei externen Supply-Chain-Partnern anerkannt ist. Damit können beispielsweise
Nachfrageveränderungen und daraus resultierende alternative
Szenarien schnell analysiert werden, um festzustellen, welchen
Einfluss diese auf unternehmenspolitische, finanzielle und lie-
ferkettenspezifische Leistungsindikatoren haben.

Das Resultat ist ein klares Verständnis der Optionen, Risiken und Auswirkungen auf die Supply Chain. Dadurch eröffnet
das SCDM neue Möglichkeiten hinsichtlich größerer Flexibilität und Anpassungsfähigkeit. Auf strategischer Ebene kann es
sowohl für den initialen Entwurf als auch zur kontinuierlichen
Verbesserung der kompletten Supply Chain und damit zur Umsetzung adaptiver Lieferketten dienen.

Das SCDM stellt unter anderem eine allgemeingültige Sprachkonvention für die Geschäftsprozesse in der Beschaffung, Fertigung, Lagerung und Logistik zur Verfügung, beispielsweise auf Grundlage des SCOR-Modells, bildet die integrierte (d. h. unternehmensinterne und -übergreifende) Lieferkette ab, ermöglicht eine Analyse möglicher Auswirkungen bei Veränderungen von Angebots- und Nachfragefaktoren sowie die Simulation von Änderungen der Lieferketten-Struktur und -Prozesse. Es dient somit unmittelbar zur Realisierung anpassungsfähiger Netzwerke,

> Für einen aktuellen und umfassenden Überblick zum *Supply Chain Design Management (SCDM)* sind Ivanov und Sokolov (2009) und Ickerott (2007) besonders zu empfehlen.

zu deren Entwurf und kontinuierlicher Verbesserung. Als ein Bestandteil des Electronic-Business-Konzepts muss es konsequenterweise im gesamten Systemlebenszyklus kontinuierlich an Marktentwicklungen und geänderte Anforderungen angepasst werden.

IT-Systeme und -Anwendungen zur Unterstützung des Supply Chain Design Managements sind nicht zu verwechseln mit Anwendungen zur Planung, Steuerung und Kontrolle der Betriebsabläufe, unter die in erster Linie die bereits erwähnten betrieblichen Planungs- und Warenwirtschaftssysteme (ERP-Systeme) fallen. Klare Marktführer unter den Anbietern von ERP-Systemen sind zurzeit (Ende 2009) Oracle (www.oracle.com) und die SAP AG (www.sap.com). Daneben gibt es kleinere Hersteller, die stärker spezialisierte Nischenlösungen anbieten, z. B. IBS International Business Systems (www.ibsde.de).

Sie sind außerdem nicht zu verwechseln mit solchen Anwendungen, die zur initialen Gestaltung und möglicherweise sporadischen Umgestaltung sowie zur vorausschauenden Planung der Lieferkette eingesetzt werden. Hierunter fallen etwa die bereits angesprochenen fortschrittlichen Planungssysteme (Advanced Planning Systems) von Anbietern wie i2 Technologies (www.i2.com) oder Manugistics (www.manugistics.com).

Darüber hinaus gibt es spezielle elektronische Werkzeuge für die kontinuierliche Gestaltung respektive Umgestaltung von Lieferketten, die erst in jüngerer Vergangenheit entwickelt wurden und aufgrund dessen noch nicht allzu weit verbreitet sind. Das hauptsächliche Ziel dieser Anwendungen ist es, komplexe Supply Chains für strategische, taktische und operative Voraussagen zu entwerfen und zu implementieren. Hierunter fallen beispielsweise *ADOLog* von BOC Information Technologies (www.boc-eu.com), *e-SCOR* von Gensym Corporation (www.gensym.com) und *ARIS EasySCOR* von IDS Scheer (www.ids-scheer. com).

Die Mehrzahl dieser SCDM-Spezialanwendungen basiert in mehr oder weniger ausgeprägtem Maße auf dem SCOR-Modell. Sie ersetzen keinesfalls die bereits vorhandenen IT-Systeme zur Unterstützung der Lieferketten-Prozesse wie etwa die o. g. betrieblichen Planungs- und Warenwirtschaftssysteme oder fortschrittlichen Planungssysteme, sondern ergänzen diese vielmehr und bilden einen komplementären Bestandteil innerhalb des übergreifenden betrieblichen Electronic-Business-Konzepts.

Abbildung 3.3 auf der nächsten Seite vermittelt einen Eindruck von *ARIS EasySCOR*. Die Art der schematischen Darstellung veranschaulicht vor allem das Prinzip dieser Anwendungen sowie ihre Konsistenz und Integration mit SCOR, die sich in den bekannten konstituierenden Elementen des Modells (Prozesselemente, Leistungsattribute usw.) widerspiegeln. Die aktuelle Version von *ARIS EasySCOR* ist konsistent mit Version 9.0 des SCOR-Modells. Sie wird von einigen bekannten und global tätigen Unternehmen eingesetzt, z. B. Intel, kommt aber auch in einer Reihe von großen staatlichen Organisationen zum Einsatz, etwa im U.S. Department of Defense (DoD).

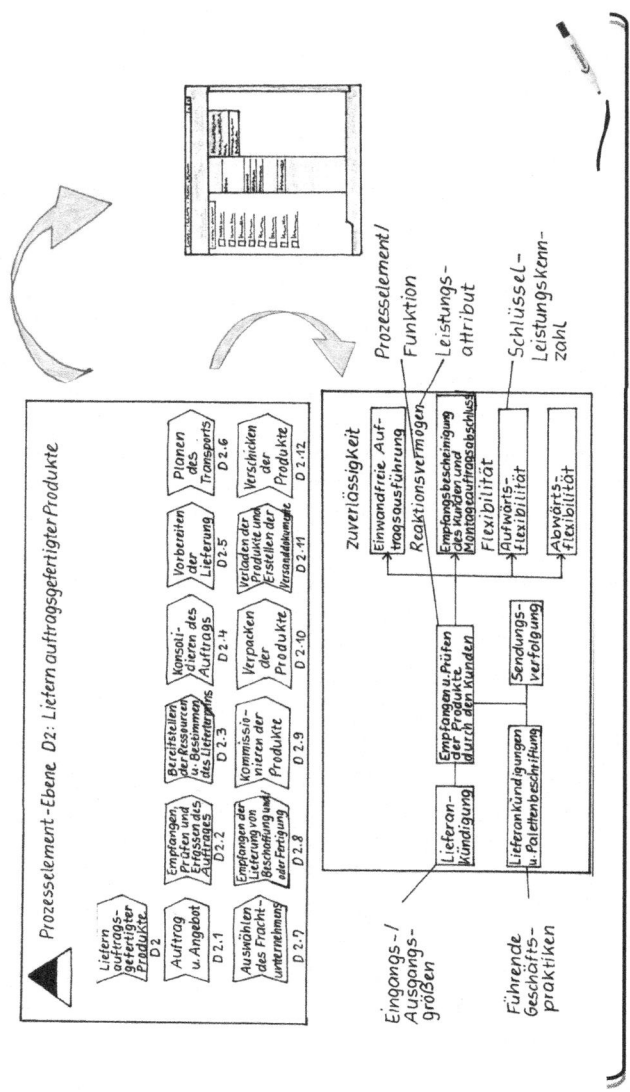

Abb. 3.3: Darstellungsbeispiel aus ARIS EasySCOR (nach
Gunther [2003], S. 8)

3.2 Geschäftsprozessoptimierung im Supply Chain Management: Kosten senken, Qualität steigern

Zu Beginn des ersten Kapitels haben wir gesehen, wie wichtig die Prozesssicht für die Betrachtung der Lieferkette ist. Das zweite Kapitel ging auf die prozessbezogene Perspektive im Hinblick auf die Material- und Informationsflüsse und die Arbeitsabläufe ein. Im Folgenden soll es nun konkret um die Optimierung der Prozesse und die damit verbundenen Maßnahmen zur Verbesserung ihrer Effektivität und Effizienz gehen.

Weil sich die Lieferkette durch das gesamte Unternehmen zieht, ist bei der Optimierung von Supply-Chain-Prozessen eine ganze Reihe von Änderungen zu bewältigen, die u. a. die folgenden Bereiche betreffen (siehe etwa Poluha [2001]):

- Organisationsstruktur
- Verantwortlichkeiten
- Planungs- und Steuerungsprozesse
- Geschäftsregeln
- Planungszyklen
- Material- und Informationsflüsse
- Arbeitsabläufe
- Kommunikationswege
- Informationssysteme

Zunächst müssen die damit verbundenen Verbesserungsmaßnahmen unter Einbeziehung der Unternehmensstrategie und der daraus abgeleiteten Supply-Chain-Strategie analysiert, quantifiziert und priorisiert werden. Zu diesem Zweck kann beispielsweise in Anlehnung an die bereits erwähnte Balanced Scorecard eine Betrachtung und Einschätzung aus vier unterschiedlichen Perspektiven heraus erfolgen (nach Kaplan und Norton [1997], S. 20 ff.):

- aus der *Finanz-Perspektive*, die den Mittelrückfluss und die Wertschöpfung umfasst,

- aus der *Kunden-Perspektive*, die durch Kundenzufriedenheit, Kundenerhaltung, Marktanteil usw. gekennzeichnet ist,
- aus der *Geschäftsprozess-Perspektive*, die Qualität, Reaktionszeit, Kosten und Neuprodukteinführungen enthält, und
- aus der *Lern- und Entwicklungs-Perspektive*, die unter anderem die Mitarbeiterzufriedenheit und Verfügbarkeit von Informationssystemen einbezieht.

3.2.1 Umwandlung von Geschäftsprozessen vs. kontinuierliche Verbesserungen

Ein mögliches Konzept, um Maßnahmen zur initialen Verbesserung der Lieferkette umzusetzen, ist die Umwandlung von Geschäftsprozessen bzw. das *Business Process Reengineering*. Bei diesem Konzept werden die bisherigen Geschäftsprozesse grundlegend verändert und teilweise sogar völlig neue Geschäftsvorgänge eingeführt. Dies kommt im programmatischen Titel eines Standardwerks zu der Thematik von Michael Hammer und James Champy deutlich zum Ausdruck: *Die Radikalkur für das Unternehmen*, ebenso wie im Untertitel: *So erneuern Sie Ihre Firma* (siehe Hammer und Champy [2003]).

Grundsätzlich geht es darum, „Prozessbrüche" zu beseitigen und Prozesse zu harmonisieren und zu standardisieren. Je einfacher und standardisierter Prozesse sind, so die Annahme, desto weniger Ausnahmen und damit Kosten fallen an und desto besser sind die Eingriffs- und Steuerungsmöglichkeiten. Dazu wird beispielsweise angestrebt, Zeitpotenziale zu nutzen, um Durchlaufzeiten zu reduzieren, Puffer (z. B. Wartezeiten) zwischen einzelnen Prozessschritten zu beseitigen und Schnittstellen zu beseitigen, die den Prozessablauf behindern (organisatorische Schnittstellen entstehen, wenn Aufgaben eine funktionsübergreifende Kooperation erfordern und sich Tätigkeiten mit denen anderer Betriebsbereiche überschneiden).

Die Umstrukturierung ist somit eine prozessorientierte Neuausrichtung des Unternehmens, wobei bestehende Vorgehensweisen auf ihre Effektivität und Effizienz überprüft werden. Es handelt sich aufgrund der Tragweite typischerweise um strategische Projekte, in denen sowohl eine unternehmensinterne Zusammenarbeit als auch eine unternehmensübergreifende Kooperation mit Kunden und Lieferanten durch die dafür verantwortliche Projektgruppe stattfindet. Die damit verbundenen Umsetzungsmaßnahmen führen in der Regel zu einer Veränderung der Aufbau- und Ablauforganisation. Die organisatorischen Änderungen zielen auf den Beginn der Umwandlung von einer funktionalen Denkweise mit dem damit oftmals verbundenen „Silodenken" hin zu einer ausgeprägt prozessorientierten Denkweise. Zur Umwandlung kommen typischerweise die folgenden vier grundlegenden Komponenten zum Einsatz (nach Hammer und Champy [2003], S. 47 ff.):

> Zu einem Einstieg in das *Business Process Reengineering* ist besonders das in deutscher Sprache erhältliche Originalwerk von Hammer und Champy (2003) hervorzuheben. Weiterhin zu empfehlen sind beispielsweise Frost und Osterloh (2006); ein ganz spezieller Bezug der Thematik zum Supply Chain Management findet sich bei Milkov (2008).

- Erneuerung *(Renewing)* bedeutet die verbesserte Schulung und organisatorische Einbindung von Mitarbeitern.
- Neubelebung *(Revitalizing)* bezeichnet eine Neugestaltung der Prozesse.
- Einstellungsänderung *(Reframing)* soll dazu führen, dass herkömmliche Denkmuster abgelegt und neue Wege eingeschlagen werden; diese Komponente hat einen direkten Bezug zum Veränderungsprozess.
- Umstrukturierung *(Restructuring)* erfordert eine prinzipielle Überarbeitung von Geschäftsprozessen und Arbeitsabläufen.

Es hat sich allerdings häufig in der Praxis gezeigt, dass das Konzept häufig auf massive Widerstände innerhalb der Belegschaft stößt, was der Steuerung des Veränderungsprozesses eine ganz besondere Bedeutung verleiht. Diese Widerstände resultieren beispielsweise daraus, dass Mitarbeiter, die funktionsorientiert denken, dazu neigen, ein gewisses Aufgabengebiet als ihr „eigenes" anzusehen und es entsprechend gegen Änderungen verteidigen. Die Widerstände sind erfahrungsgemäß mithilfe geeigneter Maßnahmen für die Zeit der Durchführung der initialen Verbesserungsprojekte in den Griff zu bekommen, lassen sich jedoch in den meisten Fällen nur mit erheblichen Anstrengungen dauerhaft überwinden. Abgesehen davon besteht nach dem Abschluss des initialen Projekts oftmals kein unbedingtes Erfordernis mehr, „radikale" Änderungen durchzusetzen. Deshalb werden die initialen Projekte häufig als eine Initiative zur Umwandlung von Geschäftsprozessen durchgeführt und danach auf eine alternative Vorgehensweise übergewechselt.

Ein alternatives Konzept, das sich zur Fortführung der notwendigen Verbesserungsmaßnahmen anbietet und in der Vergangenheit erfolgreich im Zusammenhang mit strategischen Supply-Chain-Verbesserungsinitiativen eingesetzt wurde, ist der *kontinuierliche Verbesserungsprozess (KVP)* bzw. das *Continuous Improvement*. Bei diesem Verfahren strebt man anstelle von drastischen, einschneidenden Veränderungen eine stetige Verbesserung der Produkt-, Prozess- und Dienstleistungsqualität in kleineren Schritten an. Es wurde in den 1980er-Jahren als wesentlicher Teil des japanischen *Kaizen-Konzepts* entwickelt. Die Begriffe *KVP* und *Kaizen* werden manchmal auch synonym verwendet, was aber genau genommen nicht zutreffend ist.

> Für einen umfassenden Überblick zu dem Thema *kontinuierlicher Verbesserungsprozess (KVP)* bzw. *Continuous Improvement* sind insbesondere die Bücher von Kostka und Kostka (2008) sowie Witt und Witt (2008) zu empfehlen.

Kaizen stammt aus dem Japanischen und bedeutet zwar übersetzt „ständige Verbesserung". Es wird jedoch als ein Konzept innerhalb der Unternehmensführung verstanden, das in umfassender Weise alle Bestrebungen zur Verbesserung betrieblicher Leistungsstandards zusammenfasst und verschiedene Verfahren und Methoden aus dem Qualitätsmanagement vereint. Kaizen umfasst z. B. Gruppenarbeit, Kanban (eine Methode der Produktionsablaufsteuerung nach dem Hol- bzw. Zurufprinzip, das sich ausschließlich am Bedarf einer verbrauchenden Stelle im Fertigungsablauf orientiert) und die fertigungssynchrone Anlieferung („Just-in-time"), um nur einige zu nennen (siehe z. B. Imai [2005] und Taiichi [2009]); für weiterführende Informationen zum *Total Quality Management [TQM]* sind beispielsweise Berndt [2007] und Rothlauf [2003] empfehlenswert).

Der kontinuierliche Verbesserungsprozess lässt sich im weitesten Sinne dem Qualitätsmanagement zuordnen, das selbst wiederum ein Teilbereich der Unternehmensführung ist. Er ist jedoch nicht gleichbedeutend mit diesem oder verwandten Begriffen, etwa dem *Total Quality Management* oder kurz *TQM*.

Das vorrangige Ziel beim KVP ist die Optimierung von Arbeitsabläufen und von Geschäftsprozessen unter Berücksichtigung materieller und zeitlicher Beschränkungen und Sicherstellung bestimmter Qualitätsanforderungen für Produkte oder Dienstleistungen und deren Weiterentwicklung. Es geht dabei um Aspekte wie die Motivation der Belegschaft, die Optimierung von Kommunikationsstrukturen, die Erhaltung oder Steigerung der Kundenzufriedenheit, die Festlegung von Normen für Produkte und Dienstleistungen, die Standardisierung und Dokumentation von Geschäftsprozessen und Arbeitsabläufen, die Erarbeitung professioneller Lösungsstrategien, die Durchführung von Fort- und Weiterbildungsmaßnahmen sowie die Ausstattung und Gestaltung von Arbeitsräumen. Zu diesem Zweck bezieht man alle wesentlichen Unternehmensbereiche (Entwicklung, Einkauf, Produktion, Vertrieb, Auftragsabwicklung usw.) in die Betrachtung ein.

Organisationen haben ebenso wie die in ihnen beschäftigten Menschen eine Tendenz, den bestehenden Zustand zu erhalten, d. h. sie verfügen über eine Art „Beharrungsvermögen". Die Forderung nach ständigen Verbesserungen steht dazu im Widerspruch. Deshalb sind kontinuierliche Aktivitäten erforderlich, um Probleme zu analysieren und Verbesserungsmaßnahmen umzusetzen, anderenfalls verliert der Veränderungsprozess leicht an Dynamik und damit an Effektivität. Der kontinuierliche Verbesserungsprozess zeichnet sich deshalb durch die folgenden Aktivitäten und Ziele aus:

- Analyse und Optimierung von Arbeitsabläufen und Prozessen
- Hinweis auf verfügbare Ressourcen und Synergien
- Steigerung der Produktivität
- Verbesserung von Produktqualität und Kundenzufriedenheit
- Senkung von Kosten und Reduzierung von Verschwendung
- Steigerung von Fähigkeiten, Kreativität und Engagement der Mitarbeiter
- Verbesserung von Gruppenarbeit, Unternehmenskultur und Mitarbeiterzufriedenheit

Im Rahmen des KVP als Teil der Geschäftsprozessoptimierung analysieren die Mitarbeiter ihre jeweiligen Aufgabenbereiche in speziellen Arbeitsgruppen und erarbeiten auf dieser Basis konkrete Verbesserungsvorschläge. Zu diesem Zweck werden sie für die Arbeit in Gruppen und in Gruppenmoderation geschult. Darüber hinaus wird ihnen ein Teil ihrer Arbeitszeit für damit verbundene Aufgaben zur Verfügung gestellt. Eine nicht zu un-

Das Business Process Reengineering und der kontinuierliche Verbesserungsprozess werden häufig unter dem Begriff der *Geschäftsprozessoptimierung* zusammengefasst. Es gibt aber auch Autoren, welche die Geschäftsprozessoptimierung als ein eigenständiges Konzept auffassen. Hierunter fallen unter anderem Best und Weth (2009), Goldrath und Cox (2008) sowie Hochkeppler (2007).

terschätzende Voraussetzung für den Erfolg ist der unbedingte Wille der Geschäftsführung, die erarbeiteten Vorschläge auch tatsächlich umzusetzen. Dazu gehört, die speziellen Arbeitsgruppen zu ermächtigen, ihre Ideen umzusetzen, und die dafür notwendigen Ressourcen bereitzustellen.

Falls es nicht möglich ist, bestimmte Veränderungen umzusetzen – beispielsweise aufgrund von gesetzlichen Bestimmungen, Absprachen mit dem Betriebsrat usw. –, sollte dies den Gruppenmitgliedern nachvollziehbar begründet werden. Hierfür ist eine kooperative Unternehmenskultur notwendig, in der Vorschläge der Belegschaft und Gruppenarbeit ausdrücklich erwünscht sind und die Mitarbeiter dafür wirksame Unterstützung und öffentliche Anerkennung erhalten. Dazu mehr im folgenden Absatz.

3.2.2 Änderungen erfolgreich umsetzen: Change Management und der Faktor Mensch

Erfahrungsgemäß ist bei der Durchführung von Verbesserungsmaßnahmen mit Widerständen innerhalb der Organisation zu rechnen. Dies gilt in ganz besonderem Maße, wenn es sich um Veränderungen im Bereich des Supply Chain Managements handelt. Solange die in den Veränderungsprozess involvierten Mitarbeiter aufgrund ihres Wissens und ihrer Erfahrungen sowie im Rahmen ihrer Möglichkeiten in der Lage sind, die Änderungen zu unterstützen und quasi auf diese zu reagieren, leisten sie einen positiven Beitrag. Wenn die Erwartungen jedoch nicht mehr erfüllt werden können, kann dies zu einem ablehnenden und dadurch kontraproduktiven Verhalten führen, was in erster Linie darauf zurückzuführen ist, dass nicht alle Personen über die gleiche Kapazität verfügen, mit Veränderungen umzugehen und sie zu akzeptieren.

Unter dem *Veränderungsmanagement* oder *Change Management* lassen sich alle Aufgaben, Tätigkeiten und Maßnahmen subsumieren, welche eine umfassende, bereichsübergreifende und inhaltlich weitreichende Veränderung – zur Umsetzung von neuen Strategien, Strukturen, Systemen, Prozessen und/oder Verhaltensweisen – in einer Organisation bewirken sollen (siehe z. B. Doppler und Lauterburg [2008] oder Stolzenberg und Heberle [2009]; eine besonders praxisbezogene Betrachtung der Thematik findet sich etwa bei Schuh [2009]).

Jeder Veränderungsprozess muss deshalb im Rahmen eines gezielten *Veränderungsmanagements* bzw. *Change Managements* sorgfältig geplant, gesteuert und kontrolliert werden. Auch wenn der Prozess in jedem Unternehmen abhängig von den individuellen Gegebenheiten unterschiedlich verläuft, lassen sich doch einige typische Phasen unterscheiden:

- Auflösungsphase *(Unfreezing)*: Ausgangspunkt dieser ersten Phase ist die Einsicht, dass die Erwartungen nicht mehr der Realität entsprechen. Die Notwendigkeit einer Veränderung tritt langsam als Möglichkeit ins Bewusstsein, und bestehende Verhaltens- und Arbeitsweisen werden infrage gestellt. Das vorrangige Ziel dieser Phase besteht darin, die nach einer Veränderung strebenden Kräfte zu stärken und zu unterstützen und so eine Art „Veränderungsbewusstsein" zu schaffen.

- Übergangsphase *(Moving)*: In dieser Phase werden Lösungen erarbeitet, neue Prozesse und Arbeitsvorgänge entwickelt und identifizierte Probleme in Form von Verbesserungsmaßnahmen angegangen. Man verlässt somit den vorherrschenden Zustand und leitet die notwendigen Veränderungen hin zu einem neuen Gleichgewicht ein.

- Stabilisierungsphase *(Freezing)*: Ziel der dritten Phase ist es, die gefundenen Problemlösungen zu implementieren und damit den Veränderungsprozess zumindest vorläufig abzuschließen. Durchgeführte Veränderungen werden dabei in das Gesamtsystem der Organisation integriert.

Unterstützt wird dieser Veränderungsprozess durch Umsetzungsverantwortliche *(Change Agents)*, idealerweise aus höheren Hierarchie-Ebenen. Diese Mitarbeiter werden in speziellen Techniken geschult, die für das Veränderungsmanagement relevant sind, beispielsweise Konfliktmanagement und Gruppenkommunikation, und sollten ausschließlich für Veränderungsvorhaben zuständig sein. In der Weiterentwicklung werden Veränderungen dann von dafür zuständigen Veränderungsgruppen *(Change Teams)* unterstützt.

Im Laufe der Zeit sollten alle Führungskräfte eines Unternehmens über die Kompetenz verfügen, als Umsetzungsverantwortliche zu agieren, sodass keine speziellen Mitarbeiter mehr dafür nötig sind, sondern das diesbezügliche Wissen zu einem Teil der Wissensbasis der Organisation wird. Darüber hinaus ist es im Rahmen des kontinuierlichen Verbesserungsprozesses ohnehin eine Grundvoraussetzung, dass dieser zu einem selbstverständlichen Bestandteil des täglichen Aufgabenbereichs und Denkens von Führungskräften und Mitarbeitern wird.

> Sehr interessante und zeitgemäße Aspekte zur Einbindung der Unternehmensleitung in den Veränderungsprozess und zu den Anforderungen an ein innovatives Management sind bei Hamel (2008) zu finden.

Die damit verbundenen Konzepte und Methoden sind eng mit dem organisationalen Lernen als Teil der Organisationsentwicklung verknüpft. Darauf geht der folgende Abschnitt näher ein.

Die Forderung, die Unternehmensführung maßgeblich in den Veränderungsprozess einzubinden, resultiert aus dem damit verbundenen Unterstützungsbedarf, wie Abbildung 3.4 zeigt. Es wurde bereits darauf hingewiesen, dass diese Unterstützung für die erfolgreiche Durchführung unbedingt notwendig ist. Häufig zeigt sich in der Praxis jedoch, dass der Unterstützungsbedarf und die Aufmerksamkeitskurve des Managements nicht unbedingt korrelieren. Ideal wäre es, den Verlauf der Aufmerksamkeitskurve an den des Unterstützungsbedarfs

anzugleichen oder zumindest anzunähern. Dies würde auch
unter betriebswirtschaftlichen Aspekten mit dem Verlauf der
kumulierten Kosten der Verbesserungsiniative korrespondie-
ren, weil die Bedeutung einer erfolgreichen Realisierung im
Hinblick auf den Kostenaspekt naturgemäß im Zeitverlauf zu-
nimmt.

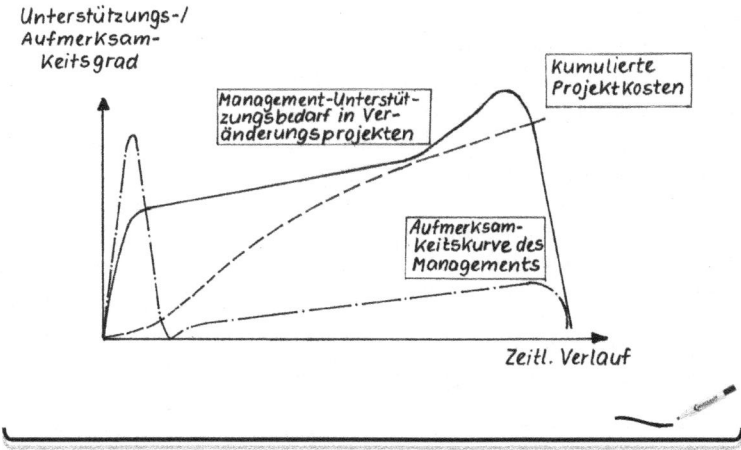

Abb. 3.4:   Unterstützungsbedarf des Veränderungsprozesses im
SCM (nach Poluha [2001], S. 322)

Die Durchführung von Änderungen wird erfahrungsgemäß
meistens erst dann möglich, wenn die Probleme einen Grad erreicht haben, dessen verbundene Kosten jene des Übergangs zu
einem neuen, verbesserten Zustand übersteigen. Um die dazu
erforderlichen Informationen zu bekommen, empfiehlt es sich,
die aktuelle Wettbewerbsposition unter Anwendung gängiger
Kennzahlen zu analysieren, Engpässe der Material- und Informationsflüsse und Arbeitsabläufe (etwa wie im zweiten Kapitel

am Beispiel der Materialflüsse dargestellt) zu identifizieren und auf dieser Basis eine Einigung über die Gestaltung des zukünftigen Zustands anzustreben. Ein denkbares Ergebnis könnte beispielsweise sein, dass der Schlüssel zum Erfolg im strategischen Übergang von einer hervorragenden operativen Leistungsfähigkeit in Beschaffung und Fertigung hin zu einer strategischen Kundenorientierung im Hinblick auf die Ausgangslogistik-Prozesse liegt.

Daraus können wiederum eingehendere Untersuchungen zu Problemen hinsichtlich Lieferleistung, Auftragsdurchlaufzeiten, Lagerbeständen, Rücklieferungskosten usw. resultieren, um zu belegen, dass ein Übergang zu einem neuen Zustand nötig, wenn nicht sogar entscheidend für den langfristigen Unternehmenserfolg ist. Der damit verbundene Entdeckungsprozess kann dabei helfen, häufig zu Beginn vorhandene Vorbehalte und Widerstände auszuräumen. Die Mitarbeiter, die in den Veränderungsprozess eingebunden sind, müssen entschieden und überzeugt sein, Engpässe beseitigen zu wollen, die möglicherweise jahrelang existiert haben. Diese Überzeugung ist der Ausgangspunkt dafür, dass anfängliche Widerstände einer klaren Motivation weichen, weitere Änderungen zu akzeptieren.

Wie bereits angesprochen, gibt es große Unterschiede in der individuellen Fähigkeit und Bereitschaft von Mitarbeitern, mit Veränderungen umzugehen. Wichtig ist deshalb die Identifikation einer überschaubaren Zahl an relevanten Projekten, die auf größtmögliche Resultate innerhalb eines kurz- bis mittelfristigen Zeitrahmens (idealerweise kürzer als zwölf Monate) ausgerichtet sind. Dadurch können die initialen Projekte einen wichtigen Beitrag zur Integration von lieferkettenbezogenen Änderungen in eine ausführbare Supply-Chain-Strategie mit den damit zusammenhängenden Geschäftsprozessen, Material- und Informationsflüssen und Arbeitsabläufen leisten.

3.3 Das Supply-Chain-Integrationskonzept und anpassungsfähige Unternehmen

Um die neu hinzugekommenen Aspekte wie adaptive Lieferketten und Supply Chain Design Management in einen übergreifenden Bezugsrahmen zu setzen, ist es zunächst erforderlich, die relevanten Dimensionen zur Beschreibung von Lieferketten festzulegen. Wie bereits angesprochen, stellt das Supply Chain Management heutzutage einen wesentlichen Bestandteil der Unternehmensführung dar und muss folglich auf die übergeordnete Unternehmensstrategie und die Ziele ausgerichtet sein. Eine Möglichkeit, eine Organisation zu beschreiben, besteht darin, sie in Systemvariablen oder Gestaltungsdimensionen zu gruppieren (siehe etwa Seibt [1991], S. 251 ff.):

- *Strategie, Prozesse und Aufgaben:* Damit ist die Bereitstellung von Gütern und Dienstleitungen gemeint, einschließlich aller zugeordneten operativen Unteraufgaben.
- *Organisationsstruktur:* Sie umfasst die Aufbauorganisation, Arbeitsabläufe, Kommunikationswege und Rollenmodelle.
- *Menschen:* Hierunter fällt vorrangig die Betrachtung der involvierten Personen bzw. Akteure.
- *Technologie:* Darin sind alle verwendeten Technologien enthalten, einschließlich der Informations- und Kommunikationstechnologien und -systeme und der Technologien zur Messung der Arbeitsleistung.

Überträgt man nun diese für eine Organisation allgemeingültigen Systemvariablen auf den Bereich des Supply Chain Managements, so lassen sich daraus die folgenden Dimensionen der Lieferketten-Gestaltung ableiten (nach Poluha [2008], S. 368 ff.):

- *Strategie:* Hierdurch soll die Konzeption der Supply Chain, basierend auf den Unternehmenszielen und Markterfordernissen, ermöglicht werden.

- *Prozesse und Organisationsstruktur:* Damit werden die Aufbauorganisation und die Prozesse beschrieben, die für die Abläufe und das Management der Lieferkette erforderlich sind, einschließlich der Beziehungen zwischen den Prozessen und der führenden Geschäftspraktiken.
- *Technologie:* Dies sind die unterstützenden IT-Systeme und -Anwendungen zur Planung, Ausführung und Kontrolle der Supply-Chain-Prozesse, Arbeitsabläufe, Material- und Informationsflüsse.
- *Personal:* Darunter fallen die Mitarbeiter (Human Resources) zur Abwicklung aller die Lieferkette betreffenden Aktivitäten sowie deren Einfluss im Rahmen des Veränderungsprozesses.

Das zu Beginn des ersten Kapitels vorgestellte Integrationskonzept zur Gestaltung von Geschäftsprozessen als Bezugsrahmen für Unternehmen hat sich quasi als roter Faden durch das Buch gezogen. Nun soll die oben dargestellte holistische Sicht der Supply-Chain-Gestaltung in diesen Bezugsrahmen einbezogen werden. Abbildung 3.5 auf der folgenden Seite zeigt das daraus resultierende *geschäftsprozessorientierte Supply-Chain-Integrationskonzept.* Eingangs- und Ausgangsgrößen (Produkte und Dienstleistungen, Material- und Informationsflüsse, Arbeitsabläufe usw.), Aktivitäten und Prozessschritte sind dort nicht ausdrücklich aufgeführt, sondern sind ein (gedachter) Bestandteil der Geschäftsprozesse.

Der Zeitstrahl dient lediglich einer groben Orientierung, tatsächlich liegen oftmals fließende Übergänge vor. Außerdem ist damit nicht die Verbreitung der genannten Technologien in der Unternehmenspraxis gemeint, sondern vielmehr deren prinzipielle Verfügbarkeit. Auf die Verbreitung und den praktischen Einsatz wird am Ende des Kapitels näher eingegangen.

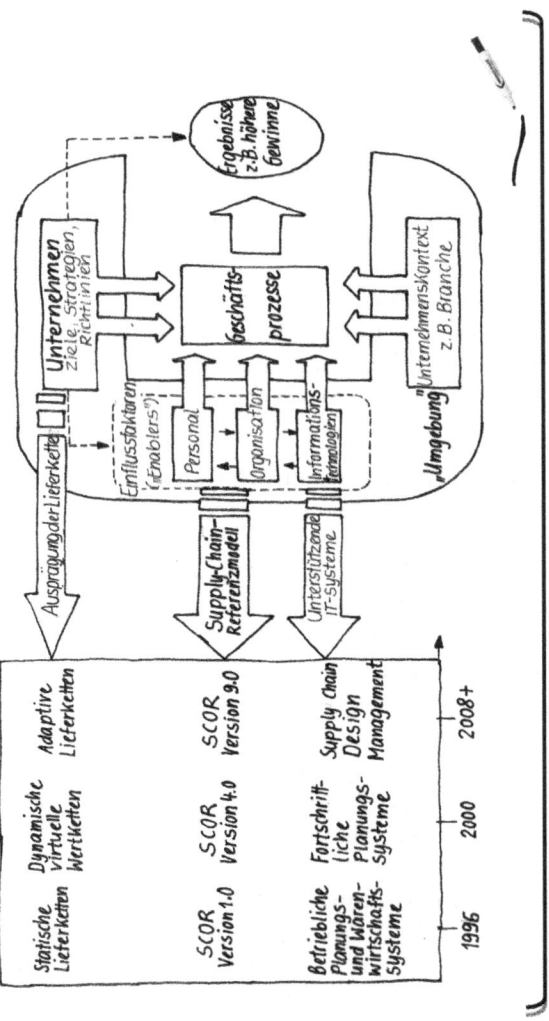

Abb. 3.5:   Das geschäftsprozessorientierte Supply-Chain-
Integrationskonzept (nach Seibt u. a. [1997], S. 6
und Poluha [2008], S. 371)

Die auf der rechten Seite des Schaubilds wiedergegebenen Gestaltungsdimensionen repräsentieren im übertragenen Sinne den organisatorischen Wandel, während die linke Seite die konkrete Ausgestaltung der damit verbundenen Veränderungen bezeichnet, d. h. die Art und Weise, wie sich der Veränderungsprozess im Hinblick auf die Lieferkette manifestiert.

Die unterstützenden IT-Systeme sind, wie bereits erläutert, komplementärer Natur und ergänzen sich gegenseitig innerhalb eines übergreifenden Electronic-Business-Konzepts. Dies ist ähnlich zu sehen wie die Supply-Chain-Strategie, in welcher der Inhalt der jeweils vorangegangenen Entwicklungsstufe durch zusätzliche Aspekte ergänzt wird, sowie die verschiedenen Versionen des SCOR-Modells, bei denen die Folgemodelle auf den vorangegangenen Modellen aufbauen. SCOR wurde aufgrund seines Verbreitungsgrades und seiner zunehmenden Bedeutung als De-facto-Standard, wie im zweiten Kapitel beschrieben, als exemplarisches Supply-Chain-Referenzmodell gewählt.

Der nächste Abschnitt beschreibt, welche Ergebnisse sich in der Praxis erzielen lassen, wenn die maßgeblichen Komponenten des geschäftsprozessorientierten Supply-Chain-Integrationskonzepts richtig eingesetzt werden. Zuvor soll aber noch eine wichtige Frage beantwortet werden, nämlich: *Wie kann es einem Unternehmen gelingen, den Übergang in einen Prozess der kontinuierlichen Verbesserung zu schaffen, in dem sich unter anderem die Lieferkette praktisch „selbstständig" weiterentwickelt und optimiert?* Dazu wäre ein Pendant zur adaptiven Lieferkette aufseiten der betrieblichen Einflussfaktoren *Organisation* und *Personal* erforderlich – im buchstäblichen Sinne eine anpassungsfähige Organisation.

Eine derartige Organisation macht es erforderlich, jeden Mitarbeiter aktiv in den kontinuierlichen Verbesserungsprozess einzubeziehen und ihn so zu einem integralen Teil der Unternehmenskultur werden zu lassen. Auf diese Weise soll ein organisationaler Lernprozess in Gang gesetzt werden, der es Unternehmen ermöglicht, ein bis dahin nicht gekanntes Veränderungsvermögen zu erwerben, das einen entscheidenden Faktor für den langfristigen Unternehmenserfolg bilden soll. Weil sich der Lernprozess sowohl auf die einzelnen Mitarbeiter als auch auf die Organisation als Ganzes bezieht, wird dafür üblicherweise der Begriff des *organisationalen Lernens* oder *Organisationslernens* verwendet.

Organisationales Lernen bezieht sich einerseits auf den sozialwissenschaftlichen Themenkomplex der *lernenden Organisation*, welcher Handlungsmuster, Bedingungen und Untersuchungen sowohl auf theoretischer als auch praktischer Ebene behandelt und solche Fragen zu klären versucht, wie eine Organisation beschaffen sein muss, um lernen zu können, wie dieses Lernen letztlich vonstatten geht und zu bewerten ist. Andererseits kann organisationales Lernen auch den reinen Lernprozess auf organisationaler Ebene bezeichnen, bei dem grundsätzlich davon ausgegangen wird, dass nicht nur die einzelnen Mitglieder zum Zweck der Effektivitäts- und Effizienzsteigerung lernen, sondern dass die gesamte Organisation quasi kollektiv durch einen kontinuierlichen Lernprozess geht (zu dem Thema ist besonders das Standardwerk von Senge [2006] hervorzuheben; weiterhin ist beispielsweise Schüerhoff [2006] zu empfehlen).

Eine *lernende Organisation* ist in diesem Sinne eine anpassungsfähige, auf äußere und innere Reize reagierende Organisation. Allgemein wird zwischen *lernfähigen* und *lernenden* Organisationen unterschieden. Diese Unterscheidung resultiert daraus, dass Lernfähigkeit nicht zwangsläufig in Innovationen resultieren muss, sondern auch zu kontraproduktiven Verhaltensweisen, etwa Resignation oder Widerstand, führen kann.

Der Begriff wurde ursprünglich um 1990 herum von Peter Senge eingeführt, der das Konzept bekannt machte und dessen Verbreitung maßgeblich förderte. Er unterscheidet fünf Entwicklungsstufen oder Disziplinen, die für die Entstehung und Erhaltung lernender Organisationen notwendig sind, wobei es zwingend aller fünf Disziplinen bedarf. Diese unterstützen sich wechselseitig und tragen dazu bei, dass die Fähigkeiten und Kompetenzen der betreffenden Organisation in einem Entwicklungsprozess schrittweise folgendermaßen gesteigert werden (nach Senge [2006], S. 20 ff.):

- Individuelle Reife *(Personal Mastery)*: Steigerung der Fähigkeiten der Mitglieder einer Organisation durch Persönlichkeitsentwicklung.

- Mentale Modelle *(Mental Models)*: Explizite und implizite Grundannahmen, um die umgebende (Organisations-)Welt zu erklären und zu beschreiben sowie die Annahmen sichtbar, besprechbar und damit zum Gegenstand der Entwicklung zu machen.

- Gemeinsame Zielsetzungen *(Shared Visioning)*: Kollektive Visionen entstehen, wenn möglichst viele Mitglieder einer Organisation die gemeinsamen Ziele verstehen und verinnerlichen und den Zweck sowie die Aufgaben zum Erreichen des gemeinsamen Ziels begreifen.

- Lernen in der Gruppe *(Team Learning)*: Lernen in der Gruppe findet statt, wenn die Gruppenmitglieder Sachverhalte gemeinschaftlich verstehen.

- Ganzheitliche Betrachtungsweise *(Systems Thinking)*: Durch eine ganzheitliche Betrachtung des Systems werden die Wirkmechanismen und die zu erwartenden Verhaltensweisen in einer symbolischen, formalen Sprache beschrieben. Dadurch können typische Verhaltensmuster *(System Archetypes)* erkannt, besprechbar gemacht und bearbeitet werden. Mit geeigneten Methoden kann das System dann simuliert und mögliche Verhaltensweisen vorhergesagt werden.

Eine lernende Organisation ist idealerweise ein System, das sich ständig in Bewegung befindet. Ereignisse werden als Anregung aufgefasst und für Entwicklungsprozesse genutzt, um die Wissensbasis und Handlungsspielräume an die neuen Erfordernisse anzupassen. Die Grundlage dafür ist eine offene und von Individualität geprägte Organisation, die innovative

Wege der Problemlösung erlaubt und unterstützt. Der Grad der Lernfähigkeit einer Organisation wird zum Teil auch als *Organisationsintelligenz* bezeichnet. In dem Zusammenhang spielt das bereits im zweiten Kapitel erwähnte Wissensmanagement eine zentrale Rolle, welches dazu dient, Wissen in einer Organisation zu entwickeln und einzusetzen, und dessen Ziel es ist, die *Wissensbasis* eines Unternehmens zu fördern.

Um organisationale Lernprozesse und das Wissensmanagement optimal zu unterstützen, müssen einige wichtige Voraussetzungen gegeben sein:

Die *Wissensbasis* im Zusammenhang mit dem Wissensmanagement (Knowledge Management) umfasst alle Daten und Informationen, alles Wissen und alle Fähigkeiten, die eine Organisation zur Lösung ihrer vielfältigen Aufgaben benötigt. Dabei werden individuelles Wissen und Fähigkeiten systematisch in der Organisation verankert. Das organisationale Lernen ist eine integrale Voraussetzung, um diese Wissensbasis aufzubauen und zu erhalten. Seine hauptsächlichen Aufgaben liegen in der Förderung der Wissensbasis und der Aneignung wettbewerbsrelevanter Kompetenzen mit dem Ziel, die *Organisationsintelligenz* zu erhöhen (siehe etwa Amelingmeyer [2004] und North [2005]).

- Gemeinsame Zielsetzungsprozesse, klare Zielvorgaben, Orientierung am Kundennutzen
- Demokratischer und partizipativer Führungsstil, Unterstützung neuer, innovativer Ideen (vor allem durch die Unternehmensführung), Integration von Personal- und Organisationsentwicklung
- Wechselseitiges Vertrauen, Kooperations- und Konfliktlösungsfähigkeit und Teamgeist
- Belohnung von Engagement und Fehlertoleranz bei Vorhaben und Aktivitäten, die mit höheren Risiken verbunden sind

- Gruppenorientierung mit Mechanismen zur Selbstregulation
- Fähigkeit zur (Selbst-)Beobachtung und Beurteilung, wobei gut funktionierende und integrierte IT-Systeme zur schnelleren und genaueren Einschätzung beitragen können.

Aufgrund der Bedeutung des organisationalen Lernens und dem engen Zusammenhang mit dem Veränderungsprozess befasst sich eine zunehmende Zahl an Unternehmen mit damit verbundenen Fragestellungen, z. B. der Erstellung einer Lernstrategie, der Erarbeitung von Lerninhalten und der technischen Unterstützung von Lernprozessen. Im Hinblick auf den letztgenannten Punkt kommt dem Einsatz von Informationstechnologie eine immer größere Bedeutung bei der Unterstützung betrieblicher Lernprozesse in Aus- und Weiterbildung zu, beispielsweise in Form des *Electronic Learning*, das auch kurz als *E-Learning* bezeichnet wird.

> Als *Electronic Learning* oder *E-Learning* wird die Art des Lernens bezeichnet, bei dem digitale Medien für die Präsentation und Distribution von Lernmaterialien und/ oder zur Unterstützung der zwischenmenschlichen Kommunikation zum Einsatz kommen (siehe dazu beispielsweise Seibt [2006]).

3.4 Beispiele aus der Unternehmenspraxis: Einsatz zukunftsweisender Lieferketten-Konzepte

Nachfolgend werden Beispiele aus der Unternehmenspraxis verdeutlichen, welche qualitativen und quantitativen Vorteile für eine Organisation damit verbunden sein können, die Leistungsfähigkeit ihrer Supply Chain zu messen, die damit verbundenen Prozesse mittels führender Geschäftspraktiken zu optimieren und die Lieferkette – unterstützt durch den Einsatz moderner Anwendungslösungen – fortlaufend an geänderte Markterfordernisse anzupassen.

Mit anderen Worten: Es soll um die Vorteile gehen, die sich daraus ergeben können, dass möglichst viele Komponenten des im vorhergehenden Abschnitt vorgestellten Supply-Chain-Integrationskonzepts umgesetzt und eingesetzt werden.

3.4.1 ASUG-Studie zum Leistungsvergleich und zu führenden Geschäftspraktiken

Die *Americas' SAP Users' Group (ASUG)* wurde 1991 von Kunden der SAP AG (www.sap.com) als eine nicht gewinnorientierte Vereinigung mit dem primären Ziel gegründet, Erfahrungen austauschen und voneinander zu lernen. Anfang 2009 hatte die ASUG bereits mehr als 75.000 Mitglieder. Der Vorstand setzt sich aus freiwilligen Mitarbeitern der Mitgliedsfirmen zusammen, die von den Mitgliedern in regelmäßigen Abständen gewählt werden. Die Verwaltungsangelegenheiten erledigt eine Gruppe von Vollzeitmitarbeitern, die direkt an den ASUG-Vorstand berichten. Daneben gibt es etwa 40 regionale Ortsverbände (Chapter) und mehr als 80 Interessengruppen (Special Interest Groups), deren Aktivitäten von freiwilligen Mitgliedern unterstützt werden, um Vortragsveranstaltungen, Kongresse, Mitgliederversammlungen, Schulungen etc. vorzubereiten und durchzuführen (www.asug.com).

Die *Americas' SAP Users' Group (ASUG)* arbeitet seit dem Jahr 2004 eng mit der SAP AG daran, die Leistung von Unternehmen zu messen, unter anderem im Bereich des Supply Chain Managements. Weitere Bereiche sind beispielsweise die Finanz- und Betriebsbuchhaltung, das Kundenmanagement und das Personalwesen. Insgesamt werden dabei 26 verschiedene Geschäftsprozesse abgedeckt, von denen 10 auf das Supply Chain Management entfallen (siehe Abbildung 3.6).

Das Programm läuft unter der Bezeichnung *ASUG-Studie zum Leistungsvergleich und zu führenden Geschäftspraktiken (ASUG Benchmarking & Best Practices Study)*. Ende 2009 hatten bereits über 2.600 Mitarbeiter aus mehr als 1.000 Firmen in Europa, Nord- und Lateinamerika und Asien daran teilgenommen. Es sind keine Gebühren für die Teilnahme an ASUG zu entrichten; dennoch ist aber in der Regel ein nicht unerheblicher Aufwand damit verbunden, die Daten zu sammeln und die jeweiligen Fragebögen auszufüllen.

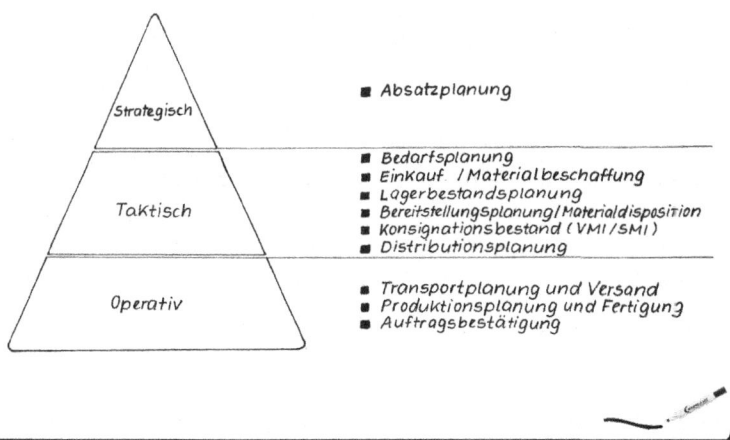

Abb. 3.6:   Supply-Chain-Prozesse der ASUG-Studie zum
Leistungsvergleich (nach ASUG und SAP [2008/1])

Die Firmen gaben folgende Gründe für die Teilnahme an:

- Messung der eigenen Leistung über einen längeren Zeitraum
- Vergleich der eigenen Leistung mit der anderer Unternehmen aus derselben Branche oder aus anderen Industriezweigen (zu den verschiedenen Arten des Leistungsvergleichs bzw. Benchmarkings siehe die Ausführungen zu Beginn von Abschnitt 2.3 im zweiten Kapitel)
- Erarbeitung von Vorschlägen für Verbesserungsprojekte
- Nachweis des Erfolgs von Verbesserungsmaßnahmen

Nach Auswertung der Ergebnisse erhalten die Teilnehmer die folgenden Informationen ausgehändigt:

- Dokumentation der eigenen Leistung über einen Zeitraum von mehreren Jahren

- Detaillierte Beschreibung der Ergebnisse des Vergleichs der Leistung mit anderen Unternehmen aus derselben Branche
- Beschreibung der Ergebnisse des Vergleichs der Leistung mit Unternehmen aus anderen Industriezweigen und Regionen
- Zusammenfassung und Beurteilung der Effektivität und Effizienz der Geschäftsprozesse über verschiedene Geschäfts- und Prozessbereiche
- Hinweise zum Verbesserungspotenzial des Einsatzes von führenden Geschäftspraktiken und modernen IT-Lösungen

ASUG behandelt die Informationen vertraulich und verwendet sie nur in neutralisierter Form weiter, d. h. ohne Nennung des Firmennamens oder einen Hinweis auf das zugrunde liegende Unternehmen. Aufgrund der Inhalte werden die gewonnenen Resultate als gleichermaßen relevant für Führungskräfte aus den funktionalen Bereichen (im vorliegenden Fall aus dem Einkauf, der Produktion, dem Lagerwesen und der Eingangs- und Ausgangslogistik) und der Informationstechnologie angesehen.

3.4.2 Zusammenhang zwischen Unternehmenserfolg und Leistungsindikatoren

Die Daten, die den folgenden Ausführungen zugrunde liegen, stammen aus dem Präsentationsmaterial, das in einer Ende 2008 gemeinsam von ASUG und SAP veranstalteten Internetkonferenz (Webcast) verwendet wurde (siehe ASUG und SAP [2008/1] und ASUG und SAP [2008/2]).

Die Studie folgt bei der Definition der Supply-Chain-Leistungsindikatoren einem ähnlichen Ansatz wie das in Kapitel 2 dargestellte SCOR-Modell, in dem ebenfalls zwischen der internen Effizienz und der externen Effektivität unterschieden wird (siehe SCC [2008/1], S. 1.2.5).

Konkret werden die folgenden Leistungsindikatoren verwendet:

Effizienz (unternehmensintern, kostenbezogen):

• Mitarbeiter im Verhältnis zum Umsatz
• Bestandsreichweite
• Lagerkosten
• Lieferketten-Planungskosten

Effektivität (kundenbezogen, marktfokussiert):

• pünktliche Lieferung
• Auftragslieferleistung
• Lieferzeit
• Prognosegenauigkeit

Um die Leistungsindikatoren messen bzw. quantifizieren zu können, wurden spezielle Fragen entwickelt, welche sich auf den Einsatz führender Geschäftspraktiken beziehen, die sich direkt oder indirekt auf die betreffenden Leistungsindikatoren auswirken. Diese Geschäftspraktiken resultieren unmittelbar aus den Prozessen in Abbildung 3.6. Die dem zugrunde liegende Annahme ist, dass der Einsatz führender Geschäftspraktiken zu einer Steigerung der Performanz der Lieferkette beitragen kann.

> Eine ausführliche und umfangreiche Beschreibung der gebräuchlichen Supply-Chain-Leistungsindikatoren ist beispielsweise in der vom Supply Chain Council herausgegebenen SCOR-Modellbeschreibung enthalten (siehe SCC [2008/1], S. 2.1.1 ff.).

Ein Beispiel soll helfen, die Vorgehensweise zu veranschaulichen. Um etwa den Leistungsindikator *pünktliche Lieferung* zu messen, wurden u. a. die folgenden Kriterien verwendet:

• Bedarfsplanung: Global integrierte Prozesse – regelmäßige Durchführung eines formalen, global anwendbaren Bedarfsplanungsprozesses unter Einbeziehung von Verfügbarkeitseinschränkungen

- Produktionsplanung: Simultaner Material- und Fertigungs-kapazitätsplan – mehrmals täglich Durchführung eines Planungslaufs mit Verfügbarkeitsbeschränkungen
- Absatzplanung: Prognoseerstellung – initiale Prognose bereinigt um interne Faktoren, z. B. Preisänderungen, Vertriebspläne, Sonderverkaufsaktionen, sowie um externe Faktoren wie Kunden, Wettbewerber, wirtschaftliche Entwicklungen, gesetzliche Bestimmungen und Markttrends

In dem Fragebogen gibt es eine Vielzahl weiterer Fragen zu den obenstehenden drei Geschäftsprozessen, abgesehen von den zusätzlichen Fragen zu jedem der weiteren sieben SCM-Prozesse. Daraus erklärt sich der Aufwand, der mit der Teilnahme an der Studie verbunden ist.

Aufgrund der gesammelten Informationen werden die Unternehmen dann aufgrund der Performanz im Hinblick auf die o. g. Supply-Chain-Leistungsindikatoren unter Anwendung statistischer Methoden in die folgenden Kategorien eingestuft:

- *Führende Unternehmen:* Hohe Effektivität und Effizienz
- *Innovative Unternehmen:* Hohe Effektivität bei gleichzeitig geringer Effizienz
- *Moderate Erneuerer:* Hohe Effizienz, aber geringe Effektivität
- *Nachzügler:* Geringe Effektivität und Effizienz

Die führenden Unternehmen sind durchaus auch innovativ ausgerichtet. Da sie aber außerdem effizient operieren, gelingt es ihnen, neben einer höheren Kundenorientierung auch Kostenvorteile zu erzielen. Die Nachzügler hingegen verpassen es nicht nur, Wettbewerbsvorteile am Markt zu schaffen, sondern haben darüber hinaus ihre Kostensituation nicht im Griff. Aufgrund der Unterschiedlichkeit der Produkte und Geschäftsabläufe wird weiterhin zwischen Prozessindustrie, diskreter Industrie und Konsumgüterindustrie unterschieden.

Die Studie kommt zu den folgenden exemplarischen Ergebnissen:

- Führende Unternehmen erzielen, abhängig von der Branche,
  eine um 8 Prozent (Prozessindustrie) bis knapp 32 Prozent
  (diskrete Industrie) höhere Prognosegenauigkeit als die
  Nachzügler (76,67 % vs. 69,17 % und 69,54 % vs. 37,8 %).

- Die Ausgaben für den Transport, gemessen als Anteil vom
  Umsatz, sind bei den führenden Unternehmen um etwa zwei
  Fünftel niedriger als bei den Nachzüglern (1,7 % vs. 2,9 %).

- Der Wert der entgangenen Umsätze aufgrund nicht lieferbarer Artikel ist bei den Nachzüglern durchschnittlich mehr als
  zweieinhalb mal so hoch wie bei führenden Unternehmen
  (6,7 % vs. 2,5 %).

- In der Konsumgüterindustrie sind die Umsatzeinbußen aufgrund nicht lieferbarer Artikel bei den Nachzüglern sogar
  nahezu siebeneinhalbmal so hoch, da es den führenden Unternehmen gelingt, Lieferengpässe nahezu vollständig zu
  vermeiden (7,5 % vs. 0,05 %).

- Führende Unternehmen haben um etwa ein Drittel geringere
  Vertriebskosten als die Nachzügler (4,3 % vs. 6,2 %).

- Der für die Neuplanung erforderliche Zeitaufwand ist bei
  den Nachzüglern um knapp ein Drittel höher als bei den führenden Unternehmen (80,5 Stunden vs. 55,8 Stunden).

- Die Nutzung der verfügbaren Fertigungskapazitäten liegt bei
  den führenden Unternehmen um rund ein Fünftel höher als
  bei den Nachzüglern (Prozessindustrie: 86 % vs. 68,5 %,
  diskrete Industrie: 82 % vs. 67 %).

- Die Kosten infolge Bestandsüberalterung (Obsoleszenz) sind
  bei den Nachzüglern nahezu viermal so hoch wie bei den
  führenden Unternehmen (3,38 % vs. 0,91 %).

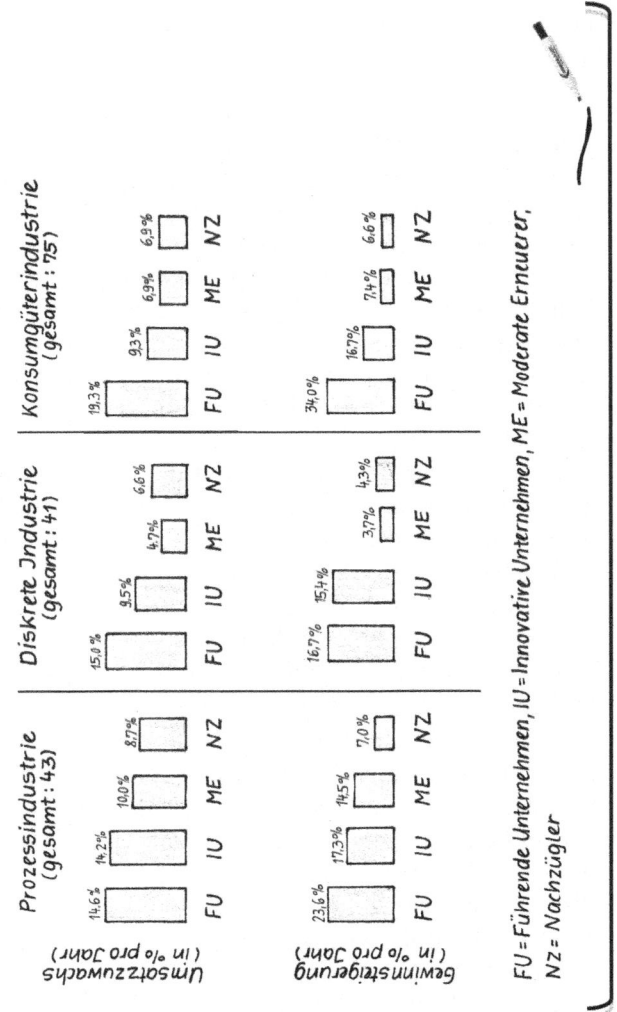

Abb. 3.7:   Zusammenhang zwischen Unternehmenserfolg und Leistungsindikatoren der Lieferkette (nach ASUG und SAP [2008/1])

Um die Ergebnisse weiterhin zu validieren, wurden die Unternehmen gemäß ihrer Einstufung mit dem jährlichen Umsatzzuwachs und den jährlichen Gewinnsteigerungen (als übergeordnete Kennzahlen für den Unternehmenserfolg) in Beziehung gesetzt. Abbildung 3.7 zeigt das Resultat.

Wie diesem Schaubild zu entnehmen ist, sind die führenden Unternehmen den Nachzüglern in allen o. g. Industrien ohne Ausnahme deutlich überlegen und können zwischen 5,9 % und 12,4 % höhere Umsatzzuwächse verzeichnen. Hier schlägt sich die bessere Erkennung und Erfüllung der Kundenbedürfnisse unmittelbar in Wettbewerbsvorteilen nieder. Noch deutlicher fällt der Unterschied bei den Gewinnsteigerungen aus: Dort liegen die führenden Unternehmen zwischen 12,4 % und 27,4 % höher. Der Grund dafür ist, dass die führenden Unternehmen nicht nur effektiver, sondern auch effizienter sind, d. h. auch die kostenbezogenen Aspekte besser beherrschen. Der Einfluss auf die Gewinne als Differenz zwischen dem Umsatz und den Kosten ist unübersehbar.

Der darin erkennbare Trend ist eindeutig und bestätigt die zugrunde liegende Annahme, dass der Einsatz führender Geschäftspraktiken tatsächlich und, wie die Ergebnisse zeigen, sogar signifikant zu einer höheren Leistungsfähigkeit und damit zum Unternehmenserfolg beiträgt. Einige der innovativen Geschäftspraktiken hebt die Studie als besonders relevant hervor:

• Der in Kapitel 1 beschriebene und früher weit verbreitete Angebotsdruck-Ansatz zur Steuerung der Lieferkette wird bei den Nachzüglern rund drei- bis viermal häufiger eingesetzt als in den führenden Unternehmen (60 % vs. 18,6 % in der Prozessindustrie und 50 % vs. 11,7 % in der Konsumgüterindustrie). Am geringsten ausgeprägt ist der Unterschied in der diskreten Industrie (29,8 % vs. 24,3 %).

- Das ebenfalls im ersten Kapitel vorgestellte neuere Konzept der Steuerung durch Nachfragesog wird in führenden Unternehmen bis zu zweimal so häufig eingesetzt wie bei den Nachzüglern (Prozessindustrie: 81,4 % vs. 40 %, Konsumgüterindustrie: 91,3 % vs. 55,6 %). Auch hier ist wieder der Unterschied in der diskreten Industrie am geringsten ausgeprägt (75,7 % vs. 70,3 %).
- Die Aufwendungen in der Beschaffung, die mittels des in Absatz 3.1.2 vorgestellten Konzepts des lieferantenverwalteten bzw. lieferantengesteuerten Lagerbestands (VMI/SMI) gehandhabt werden, sind in den führenden Unternehmen um mehr als ein Drittel höher als bei den Nachzüglern (Konsumgüterindustrie: 80 % vs. 45,5 %). Bemerkenswert ist, dass der Unterschied zu den moderaten Erneuerern weit deutlicher ausgeprägt ist: In der diskreten Industrie wird das Konzept im Vergleich mehr als doppelt so häufig in führenden Unternehmen angewandt (37 % vs. 15 %).

Weil innovative Unternehmen den Nachzüglern im Hinblick auf die Effektivität und damit die Kundenorientierung voraus sind, wäre zu vermuten, dass sie höhere Umsatzzuwächse verzeichnen können. Wie sich jedoch in der obenstehenden Abbildung erkennen lässt, weisen die Nachzügler eine nahezu identische und in einem Fall (diskrete Industrie) sogar eine bessere Umsatzentwicklung auf. Ein ganz ähnliches Bild ergibt sich für die Gewinnsteigerungen. Die naheliegende Schlussfolgerung ist, dass die betreffenden Unternehmen zwar in die Verbesserung ihrer Kunden- und Marktausrichtung investieren, dabei jedoch nicht mit einer vergleichbaren Kompetenz vorgehen wie die führenden Unternehmen. Anders gesagt: Sie müssen zwar die Kosten für diese Investitionen tragen, sind jedoch nicht in der Lage, sie in tatsächliche Wettbewerbsvorteile umzusetzen.

Der Einsatz der Informationstechnologie ist ein ganz wesentlicher Aspekt im Zusammenhang mit den Geschäftspraktiken. Der Grund dafür ist, dass die Abwicklung der Geschäftsprozesse in den meisten Fällen durch IT-Systeme unterstützt oder erst ermöglicht wird. Darauf geht der folgende Abschnitt näher ein.

3.4.3 Verbreitung von Supply-Chain-Anwendungen in führenden Unternehmen

Die gesammelten Daten können auch im Hinblick auf den Einsatz von IT-Systemen zur Ermöglichung und Unterstützung führender Geschäftspraktiken ausgewertet werden. Daraus lassen sich Rückschlüsse auf die praktische Umsetzung von adaptiven Lieferketten bzw. Electronic-Business-Netzwerken ziehen. Abbildung 3.8 gibt einen Überblick über die Ergebnisse speziell für die führenden Unternehmen und bezieht dabei die verschiedenen Entwicklungsstufen der Anwendungslösungen aus dem in Abbildung 3.5 dargestellten Supply-Chain-Integrationskonzept ein.

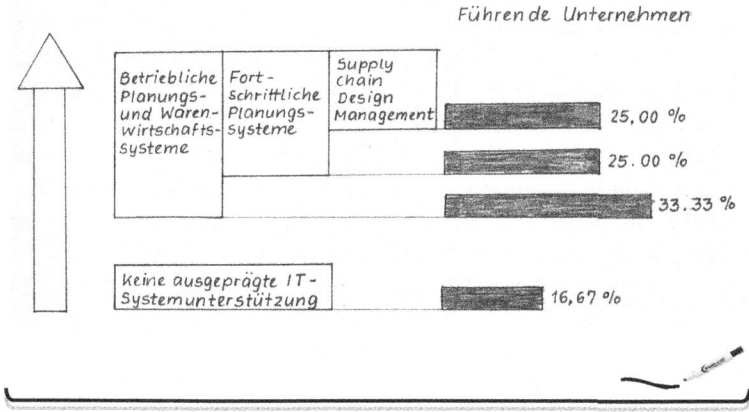

Abb. 3.8: IT-Systemunterstützung in führenden Unternehmen (nach ASUG und SAP [2008/1])

Die Abbildung zeigt, dass derzeit nur ein Viertel der befragten Unternehmen moderne SCDM-Anwendungen einsetzt. Dabei ist außerdem zu berücksichtigen, dass es sich hier um die führenden Unternehmen handelt, die als innovationsfreudig einzuschätzen sind. Auf der anderen Seite haben aber deutlich über die Hälfte (58,3 %) andere IT-Systeme zur Unterstützung ihrer Lieferketten im Einsatz. Diese Zahl resultiert aus der stufenweisen Darstellungsweise: Unternehmen, die fortschrittliche Planungssysteme (APS) benutzen, arbeiten in aller Regel auch mit betrieblichen Planungs- und Warenwirtschaftssystemen (ERP-Systemen). Denn die verschiedenen Anwendungen sind, wie in Absatz 3.1.3 erläutert, komplementärer Natur, sie bauen also aufeinander auf und ergänzen sich gegenseitig. Die Durchdringung führender Unternehmen mit IT-Systemen zur Realisierung adaptiver Lieferketten kann daher durchaus als fortgeschritten angesehen werden. Ähnliches gilt für die innovativen Unternehmen.

Anders gestaltet sich das Bild bei den moderaten Erneuerern und den Nachzüglern: Während beispielsweise mehr als zwei Drittel der innovativen Unternehmen Informations- und Kommunikationstechnik-Systeme verwenden, um das im ersten Kapitel vorgestellte Konzept der gemeinschaftlichen Planung, Prognose und Wiederauffüllung (CPFR) abzuwickeln, liegt der Anteil bei den moderaten Erneuerern bei nur 2 Prozent.

Halten wir zusammenfassend fest: Die Nutzung innovativer Supply-Chain-Anwendungslösungen hilft Unternehmen nachweisbar dabei, effektiver und effizienter zu sein. Dies steht im Einklang mit den Ergebnissen einer ähnlichen Studie, welche die SAP gemeinsam mit PRTM durchgeführt hat: Sie kommt ebenfalls zu dem Schluss, dass der gezielte Einsatz geeigneter IT-Lösungen im Supply Chain Management einen signifikanten Einfluss auf die Leistungsfähigkeit und die Kostensituation von Unternehmen hat (siehe Hofmann [2004]).

Fazit: Auf die richtige Balance kommt es an

Das größte Geschäfts- und Ergebnispotenzial liegt in der Harmonisierung, Verbesserung und Standardisierung von Prozessen.

(nach Schmelzer und Sesselmann [2004], S. 162; die Autoren zitieren Johannes Feldmayer, den damaligen Zentralvorstand der Siemens AG)

Die Gewinner im Wettbewerb der Lieferketten

Im Kern geht es beim Supply Chain Management darum, eine *optimale Balance zwischen dem Angebot*, repräsentiert durch die unternehmensinternen und -übergreifenden Prozesse, Arbeitsabläufe, Material- und Informationsflüsse in der Beschaffung, Fertigung, Lagerung und Logistik, *und der Nachfrage*, repräsentiert durch Kundenanforderungen, Marktbedingungen und die Konkurrenzsituation, zu finden. Dabei liegt ein großer Nutzen des Supply Chain Managements zweifellos in der Festlegung einer standardisierten, gemeinsamen Sprache zur Kommunikation zwischen den verschiedenen innerbetrieblichen Funktionsbereichen und den Partnern innerhalb der integrierten Lieferkette. Denn nur ein gemeinsames Verständnis aller involvierten Parteien gewährleistet die bestmöglichen Kunden-Lieferanten-Beziehungen über die gesamte Supply Chain hinweg.

Die Forderung nach einer Standardisierung von Prozessen und Geschäftsvorgängen hat aber häufig einen ambivalenten Charakter: Einerseits sieht eine Reihe von Unternehmen ein großes Optimierungspotenzial darin, ihre Prozesse zu harmoni-

R.G. Poluha, *Quintessenz des Supply Chain Managements*, Quintessenz-Reihe, DOI 10.1007/978-3-642-01584-7, © Springer-Verlag Berlin Heidelberg 2010

sieren und zu verbessern. Andererseits bestehen jedoch häufig Bedenken, dass die Standardisierung von Strukturen und Abläufen dazu führen könnte, dass Stärken verloren gehen, die gerade aus der Unterschiedlichkeit und Einzigartigkeit resultieren. In letzter Konsequenz würde eine zu weit reichende Standardisierung zu Stagnation führen, da am Ende alle Wettbewerber das gleiche Leistungsniveau erreicht hätten und keine Differenzierung mehr stattfinden würde. In diesem Fall würde das Supply Chain Management nur noch in eingeschränktem Maße dazu beitragen, Wettbewerbsvorteile zu erzielen, oder im Extremfall sogar im Gegenteil zu Wettbewerbsnachteilen führen. Es kommt deshalb darauf an, die passende Balance zwischen Standardisierung und Individualisierung zu finden, um die Wettbewerbsposition nachhaltig verbessern und ausbauen zu können.

Thomas Davenport, einer der führenden Experten auf dem Gebiet der Prozessoptimierung und -standardisierung, hat den Sachverhalt treffend zusammengefasst: Viele Unternehmen haben aus gutem Grund gemischte Gefühle, wenn es um die Standardisierung ihrer Prozesse geht, weil damit auch immer eine gewisse Austauschbarkeit verbunden ist. Diese wiederum kann schnell zu verstärkter Konkurrenz und Druck auf Preise und Margen führen. Auf der anderen Seite ist eine Standardisierung aber aufgrund der damit verbundenen Effizienz- und Effektivitätssteigerungen in vielen Fällen unumgänglich. Es ist deshalb in jedem Fall besser, frühzeitig und aktiv an Standardisierungsmaßnahmen mitzuwirken und sie mitzutreiben, als dazu gezwungen zu sein und getrieben zu werden (siehe Davenport [2005], S. 108).

Dem Aspekt der Individualisierung kommt im Zusammenhang mit den Aktivitäten, die mit der fortlaufenden Analyse und Optimierung der Lieferkette verbunden sind, eine ganz spezielle Bedeutung zu. Diese Aktivitäten sind, auch wenn sie zweifellos nicht zu unterschätzende Herausforderungen mit sich bringen, eine überlebensnotwendige Voraussetzung, um wettbewerbsfähig zu bleiben. Unternehmen müssen deshalb kontinuierlich an Verbesserungsmaßnahmen auf funktionaler, organisatorischer und informationstechnischer Ebene arbeiten, um die flexible Gestaltung und Integration von unternehmens-internen und -übergreifenden Supply-Chain-Prozessen zu er-möglichen.

Hermann Schmelzer und Wolfgang Sesselmann, die sich seit Jahren intensiv mit Geschäftsprozessmanagement in der Praxis befassen, kommen zu dem Schluss, dass es entscheidend ist, die richtige Balance zwischen der nach innen und nach außen gerichteten Sichtweise zu finden. Dazu müssen Unternehmens- und Supply-Chain-Strategie auf der einen Seite und der Kun-denbezug auf der anderen Seite richtig aufeinander abgestimmt sein: Bei einer zu einseitigen Ausrichtung auf die Kunden be-steht die Gefahr, dass sich Unternehmen zu stark an der kurz-fristigen operativen Effizienz orientieren und keine ausreichen-den Beiträge zum langfristigen Auf- und Ausbau von Erfolgs-potenzialen und Kernkompetenzen leisten. Umgekehrt kann ei-ne zu einseitige Orientierung an der Geschäfts- und Lieferket-ten-Strategie dazu führen, dass man bildlich gesprochen „am Kunden vorbei" agiert und dabei die operativen Ziele verfehlt (siehe Schmelzer und Sesselmann [2007], S. 6).

Es geht folglich nicht mehr nur darum, Mehrwert zu schaf-fen, sondern diesen Mehrwert über die gesamte Lieferkette hinweg kontinuierlich neu zu definieren. Das Ziel ist letztlich, einen dynamischen bzw. evolutionären Prozess zu steuern, der einen Abgleich zwischen den Kundenbedürfnissen einerseits und den Supply-Chain-Kompetenzen andererseits ermöglicht. Dazu ist es erforderlich, statische, lineare Lieferketten schritt-weise in anpassungsfähige Netzwerke zu überführen, die unter-nehmensbezogen, ereignisgesteuert und selbstregulierend sind. Dadurch kann das Supply Chain Management seine eigentliche Aufgabe optimal erfüllen, nämlich die fortlaufende, proaktive Synchronisierung der Verbrauchernachfrage und der Wert-schöpfung im Unternehmen.

Innovative Konzepte zur Realisierung und Unterstützung adaptiver Lieferketten, etwa das vorgestellte Supply Chain Design Management, weisen mögliche Wege in die Zukunft von wertbasierten Netzwerken, die sich kontinuierlich an geänderte Markterfordernisse anpassen. Sie dürfen jedoch auf keinen Fall isoliert betrachtet werden, sondern müssen vielmehr in einem ganzheitlichen Kontext mit der übergreifenden Unternehmensstrategie, den Eingangs- und Ausgangsgrößen, der Unternehmensumgebung, den Mitarbeitern, der Organisationsstruktur und Informationstechnologie sowie den Geschäftsprozessen gesehen werden.

Paul Hofmann, Vice President Research bei SAP Labs, sieht in der Kombination aus Leistungsmessung und -vergleich und der Entwicklung hin zu einem anpassungsfähigen Unternehmen die wesentliche Voraussetzung dafür, dass Unternehmen adaptive Lieferketten in die Realität umsetzen können. Er geht weiterhin davon aus, dass dem Supply Chain Design Management aufgrund einer Zunahme der Änderungsgeschwindigkeit der Lieferkette zukünftig eine immer wichtigere Rolle zukommen wird (siehe Hofmann [2004], S. 86).

Es geht prinzipiell darum, die richtige Balance zu finden. Dadurch kann das optimal aufeinander abgestimmte Zusammenspiel der verschiedenen Komponenten des Supply-Chain-Integrationskonzepts, unterstützt durch einen kontinuierlichen Verbesserungsprozess, einen wertvollen Beitrag leisten, um die Wertschöpfung zu erhöhen sowie den langfristigen Unternehmenserfolg zu sichern. Und damit Ihrem Unternehmen helfen, dass es zu den Gewinnern im „Wettbewerb der Lieferketten" gehört!

Literatur

A

Ahlrichs, Frank und Knuppertz, Thilo: Controlling von Geschäftsprozessen – Prozessorientierte Unternehmenssteuerung umsetzen, Stuttgart 2006

Albach, Horst: Allgemeine Betriebswirtschaftslehre – Einführung, Reihe: Die Wirtschaftswissenschaften, 3. Aufl., Wiesbaden 2001

Amelingmeyer, Jenny: Wissensmanagement – Analyse und Gestaltung der Wissensbasis von Unternehmen, Wiesbaden 2004

Arndt, Holger: Supply Chain Management. Optimierung logistischer Prozesse, 4., aktual. u. überarb. Aufl., Wiesbaden 2008

ASUG (Americas' SAP Users' Group) und SAP AG: Impact of Adopting Supply Chain Planning Best Practices (Session 0302), ASUG and SAP Benchmarking Overview Webcast, September 10, 2008, Newtown Square, Pennsylvania 2008 /1

ASUG (Americas' SAP Users' Group) und SAP AG: Cross-Functional Best Practices and Their Impact on Key Performance Indicators (Session 0313), ASUG and SAP Benchmarking Overview Webcast, September 10, 2008, Newtown Square, Pennsylvania 2008 /2

Auer, Achim: Process Mapping und Activity Based Costing in der Supply Chain: Controllinginstrumente zur Unterstützung des SCM, Saarbrücken 2008

B

Becker, Jörg; Kugeler, Martin; Rosemann, Michael: Prozess-management – Ein Leitfaden zur prozessorientierten Organisationsgestaltung, 6., überarb. u. erweit. Aufl., Berlin u. Heidelberg 2008

Becker, Torsten: Prozesse in Produktion und Supply Chain optimieren, 2., überarb. u. erweit Aufl., Berlin u. Heidelberg 2008

Becker, Torsten und Geimer, Harald: Prozessgestaltung und Leistungsmessung – wesentliche Bausteine für eine Weltklasse Supply Chain. In: HMD – Praxis der Wirtschaftsinformatik, Heft. 207, 1999, Heidelberg 1999, S. 25–34

Berndt, Ralph: Total Quality Management als Erfolgsstrategie, Berlin u. Heidelberg 2007

Best, Eva und Weth, Martin: Geschäftsprozesse optimieren – Der Praxisleitfaden für erfolgreiche Reorganisation, 3., überarb. u. erweit. Aufl., Wiesbaden 2009

Bickhoff, Nils: Quintessenz des strategischen Managements: Was Sie wirklich wissen müssen, um im Wettbewerb zu überleben, Berlin u. Heidelberg 2008

BME (Bundesverband Materialwirtschaft Einkauf und Logistik e. V.) (Hrsg.): Best Practice in Einkauf und Logistik, 2., überarb. u. erweit. Aufl., Wiesbaden 2007

Bolstorff, Peter A.; Rosenbaum, Robert G.; Poluha, Rolf G.: Spitzenleistungen im Supply Chain Management – Ein Praxishandbuch zur Optimierung mit SCOR, Berlin u. Heidelberg 2007

Bosshardt, Jörg: Supply Chain-Controlling – Performance Measurement unter Einsatz einer modifizierten Balanced Scorecard, Saarbrücken 2008

Bovet, David und Martha, Joseph: Value Nets – das digitale Business Design für mehr Gewinn, Landsberg 2001

Burmann, Christoph; Meffert, Heribert; Kirchgeorg, Manfred: Marketing: Grundlagen marktorientierter Unternehmensführung. Konzepte – Instrumente – Praxisbeispiele, 10., überarb. u. erweit. Aufl., Wiesbaden 2007

C

Chopra, Sunil und Meindl, Peter: Supply Chain Management: Strategy, Planning & Operations, 3. Aufl., Upper Saddle River, New Jersey 2006

Christopher, Martin: Logistics and Supply Chain Management. Strategies for Reducing Cost and Improving Service, 3. Aufl., London 2004

Cohen, Shoshanah und Roussel, Joseph: Strategisches Supply Chain Management, Berlin u. Heidelberg 2006

Colehower, Jonathan; Matthews, Paul; Muzumdar, Maha; Pernat, Aaron: The Adaptive Supply Chain: Postponement for Profitability, Cap Gemini Ernst & Young (Hrsg.): Study on Understanding Postponement as a Supply Chain Strategy, New York, New York u. a. 2003

Coppe, Grieg und Duffy, Stephen: Internet logistics – Creating new customers and matching new competition. In: Gottorna, John L. (Hrsg.): Strategic Supply Chain Alignment – Best practices in Supply Chain Management, Brookfield, Vermont u. Aldershot, Hampshire 1998, S. 521–534

Corsten, Hans und Will, Thomas: Wettbewerbsvorteile durch strategische Produktionsorganisation. In: Corsten, Hans (Hrsg.): Produktion als Wettbewerbsfaktor. Beiträge zur Wettbewerbs- und Produktionsstrategie, Wiesbaden 1995, S. 1–13

D

Davenport, Thomas H.: The Coming Commoditization of Processes. In: Harvard Business Review, Vol. 83. No. 6, June 2005, Boston, Massachusetts 2005, S. 100–108

Davenport, Thomas H.: Process Innovation – Reengineering Work through Information Technology, Boston, Massachusetts 1993

Doppler, Klaus und Lauterburg, Christoph: Change Management: Den Unternehmenswandel gestalten, 12., aktual. u. erweit. Aufl., Frankfurt am Main 2008

E

Erdmann, Mark-Ken: Supply Chain Performance Measurement: Operative und strategische Management- und Controllingansätze. In: Schlüchtermann, Jörg (Hrsg.): Reihe Produktionswirtschaft und Industriebetriebslehre, Bd. 11, Lohmar u. Köln 2003

Evans, Robert und Danks, Elister: Strategic supply chain management: Creating shareholder value by aligning supply chain strategies with business strategies. In: Gottorna, John L. (Hrsg.): Strategic Supply Chain Alignment – Best practices in Supply Chain Management, Brookfield, Vermont u. Aldershot, Hampshire 1998, S. 18–38

F

Fandel, Günter; Giese, Anke; Raubenheimer, Heike: Supply Chain Management: Strategien – Planungsansätze – Controlling, Berlin u. Heidelberg 2009

Fettke, Peter und Loos, Peter: Reference Modeling for Business Systems Analysis, Hershey, Pennsylvania u. London 2006

Fettke, Peter und Loos, Peter: Classification of reference models: a methodology and its application. In: Information Systems and e-Business Management, Vol. 1, No. 1, 2003, Berlin u. Heidelberg 2003, S. 35–53

Friedag, Herwig R. und Schmidt, Walter: Balanced Scorecard, Nachdruck der 3., überarb. Aufl., Freiburg 2007

Frost, Jetta und Osterloh, Margit: Prozessmanagement als Kernkompetenz: Wie Sie Business Reengineering strategisch nutzen können, 5., überarb. Aufl., Wiesbaden 2006

G

Geimer, Harald und Becker, Torsten: Supply Chain-Strategien. In: Lawrenz, Oliver u. a. (Hrsg.): Supply Chain Management. Konzepte, Erfahrungsberichte und Strategien auf dem Weg zu digitalen Wertschöpfungsnetzen, 2. Aufl., Braunschweig u. Wiesbaden 2001, S. 19–38

Gilbert, Xavier und Strebel, Paul: Strategies to outpace the competition. In: Journal of Business Strategy, Vol. 8, No. 1, 1987, Bradford, West Yorkshire 1987, S. 28–36

Gladen, Werner: Performance Measurement: Controlling mit Kennzahlen, 3., überarb. u. aktual. Aufl., Wiesbaden 2005

Görtz, Marcus und Hesseler, Martin: Basiswissen ERP-Systeme: Auswahl, Einführung und Einsatz betriebswirtschaftlicher Standardsoftware, Witten 2007

Goldrath, Eliyahu M.: Theory of Constraints, Great Barrington, Massachusetts 1999

Goldrath, Eliyahu M. und Cox, Jeff: Das Ziel. Ein Roman über Prozessoptimierung, 4. Aufl., Frankfurt am Main 2008

Gottorna, John L. (Hrsg.): Strategic Supply Chain Alignment – Best practices in Supply Chain Management, Brookfield, Vermont u. Aldershot, Hampshire 1998

Govil, Manish und Proth, Jean-Marie: Supply Chain Design and Management – Strategic and Tactical Perspectives, San Diego, Kalifornien 2002

Günther, Hans-Otto und Tempelmeier, Horst: Produktion und Logistik, Berlin u. Heidelberg 2007

Gunther, Klaus: Supply Chain Assessments With ARIS Easy-SCOR – Introduction and Case Study, IDS Scheer, Inc. (Hrsg.), Webcast at Supply Chain World 2003, Berwyn, Pennsylvania 2003

Gutenberg, Erich: Grundlagen der Betriebswirtschaftslehre. Erster Bd.: Die Produktion, 23. Aufl., Heidelberg 1979

H

Haase, Tobias-John: Virtuelle Unternehmen als globale Herausforderung – Potenziale und Risiken, Saarbrücken 2007

Hamel, Gary: Das Ende des Managements: Unternehmensführung im 21. Jahrhundert, Berlin 2008

Hammer, Michael und Champy, James: Business Reengineering: Die Radikalkur für das Unternehmen, 7. Aufl., Frankfurt am Main 2003

Handfield, Robert B. und Nichols Jr., Ernest L.: Supply Chain Redesign – Transforming Supply Chains into Integrated Value Systems, Upper Saddle River, New Jersey 2002

Heinrich, Claus und Betts, Bob: Adapt or Die – Transforming Your Supply Chain into an Adaptive Business Network, Hoboken, New Jersey 2003

Hillek, Thomas: Erschließung neuer Wertschöpfungspotenziale durch eSCM. In: Lawrenz, Oliver u. a. (Hrsg.): Supply Chain Management. Konzepte, Erfahrungsberichte und Strategien auf dem Weg zu digitalen Wertschöpfungsnetzen, 2. Aufl., Braunschweig u. Wiesbaden 2001, S. 1–18

Hochkeppler, Bastian: Analyse von Geschäftsprozessen – Prozessoptimierung in Theorie und Praxis, Saarbrücken 2007

Hofmann, Paul: SCM Spotlight: Turn Supply Chain Inefficiencies into Concrete Bottom-Line Dollar Value. In: SAP AG (Hrsg.): SAP Insider, Januar-Februar-März 2004, Walldorf 2004, S. 82–86

Holcomb, Mary C.; Manrodt, Carl B.; Ross, Tony: Operation Excellence – The Transition from Tactical to Adaptive Supply Chains, Cap Gemini Ernst & Young (Hrsg.), Year 2003 Report on Trends and Issues in Logistics and Transportation, New York, New York 2003

Horváth und Partner (Hrsg.): Balanced Scorecard umsetzen, 4., überarb. Aufl., Stuttgart 2007

Hughes, John; Ralf, Mark; Michels, Bill: Transform Your Supply Chain – Releasing Value in Business, London u. Boston, Massachusetts 1998

I

Ickerott, Ingmar: Agentenbasierte Simulation für das Supply Chain Management, Lohmar u. Köln 2007

Ijioui, Raschid; Emmerich, Heike; Ceyp, Michael (Hrsg.): Supply Chain Event Management. Konzepte, Prozesse, Erfolgsfaktoren und Praxisbeispiele, Berlin u. Heidelberg 2006

Imai, Masaaki: Kaizen – Der Schlüssel zum Erfolg im Wettbewerb, Berlin 2005

Intel Information Technology (Hrsg.): SCOR Experience at Intel. Methods and tools for Supply Chain Management, White Paper, Santa Clara, Kalifornien 2002

Ivanov, Dmitry und Sokolov, Boris: Adaptive Supply Chain Management, London u. a. 2009

K

Kaplan, Robert S. und Norton, David P.: Balanced Scorecard: Strategien erfolgreich umsetzen, Stuttgart 1997

Klaus, Oliver: Geschäftsregeln zur Unterstützung des Supply Chain Managements. In: Seibt, Dietrich u. a. (Hrsg.): Reihe Wirtschaftsinformatik, Bd. 49, Lohmar u. Köln 2005

Kostka, Claudia und Kostka, Sebastian: Der Kontinuierliche Verbesserungsprozess: Methoden des KVP, 4., überarb. Aufl., München u. Wien 2008

Krause, Hans-Ulrich und Arora, Dayanand: Controlling-Kenn-zahlen – Key Performance Indicators, München 2008

Kuhn, Axel und Hellingrath, Bernd: Supply Chain Manage-ment: Optimierte Zusammenarbeit in der Wertschöp-fungskette, Berlin u. Heidelberg 2002

L

Lawrenz, Oliver; Hildebrand, Knut; Nenninger, Michael; Hil-lek, Thomas (Hrsg.): Supply Chain Management. Kon-zepte, Erfahrungsberichte und Strategien auf dem Weg zu digitalen Wertschöpfungsnetzen, 2. Aufl., Braun-schweig u. Wiesbaden 2001

Lee, Hau L.: Supply Chain: Das perfekte Logistiksystem. In: Harvard Business Manager, Heft 1, Januar 2005, Ham-burg 2005, S. 68–83

Lehner, Franz: Wissensmanagement – Grundlagen, Methoden und technische Unterstützung, 3., aktual. u. erweit. Aufl., München 2009

Löcker, Markus: Integration der Prozesskostenrechnung in ein ganzheitliches Prozess- und Kostenmanagement, Ber-lin 2007

M

Melzer-Ridinger, Ruth: Supply Chain Management: Prozess- und unternehmensübergreifendes Management von Qualität, Kosten und Liefertreue, München 2007

Michaeli, Rainer: Competitive Intelligence: Strategische Wett-bewerbsvorteile erzielen durch systematische Konkur-renz-, Markt- und Technologieanalysen, Berlin u. Hei-delberg 2006

Milkov, Miroslav: Unternehmen zukunftsfähig ausrichten: Business Process Reengineering, Time Based Competition und Supply Chain Management zur nachhaltigen Unternehmensentwicklung, Saarbrücken 2008

Mößinger, Markus: Lean Sigma: Synthese aus Lean Management, Six Sigma und Kaizen, Hamburg 2006

Müller, Martin; Seuring, Stefan; Goldbach, Maria: Supply Chain Management – Neues Konzept oder Modetrend? In: Die Betriebswirtschaft (DBW), 63. Jg., Nr. 4, 2003, Stuttgart 2003, S. 419–439

N

Neuwirth, Mario: Balanced Supply Chain Scorecard. Das Steuerungstool für stürmische Zeiten, Saarbrücken 2009

Normann, Richard und Ramirez, Rafael: From Value Chain to Value Constellation – Designing Interactive Strategies. In: Harvard Business Review on Managing The Value Chain, Boston, Massachusetts 2000, S. 185–219

North, Klaus: Wissensorientierte Unternehmensführung: Wertschöpfung durch Wissen, 4., aktual. u. erweit. Aufl., Wiesbaden 2005

O

Oppelland, Hans J. (Hrsg.): Deutschland und seine Zukunft – Innovation und Veränderung in Bildung, Forschung und Wirtschaft, Lohmar u. Köln 2006

Ossola-Haring, Claudia (Hrsg.): Das große Handbuch Kennzahlen zur Unternehmensführung – Kennzahlen richtig verstehen, verknüpfen und interpretieren, 3., aktual. u. erweit. Aufl., Landsberg 2006

P

Pfohl, Hans-Christian: Logistikmanagement: Konzeption und Funktionen, Berlin u. Heidelberg 2004

Piller, Frank T.: Kundenindividuelle Produkte – von der Stange. In: Harvard Business Manager, Heft 3, 1997, Hamburg 1997, S. 15–26

Piller, Frank T. und Schoder, Detlef: Mass Customization und Electronic Commerce – Eine empirische Einschätzung zur Umsetzung in deutschen Unternehmen. In: Zeitschrift für Betriebswirtschaft (ZfB), 69. Jg., Heft 10, 1999, Würzburg u. Freiburg 1999, S. 1111–1136

Pine, Joseph B.: Mass Customization – The New Frontier in Business Competition, Boston, Massachusetts 1993

PMG (Performance Measurement Group) (Hrsg.): Achieving Delivery Performance: Linking Strategy, Capabilities, and Results. In: Signals of Performance, Vol. 3, No. 4, 2002, Waltham, Massachusetts 2002, S. 1–5

Pohanka, Christian: Geschäftsprozessmodellierung mit ereignisgesteuerten Prozessketten, München 2008

Poluha, Rolf G.: Anwendung des SCOR-Modells zur Analyse der Supply Chain – Explorative empirische Untersuchung von Unternehmen aus Europa, Nordamerika und Asien. In: Seibt, Dietrich u. a. (Hrsg.): Reihe Wirtschaftsinformatik, Bd. 50, 4., überarb. Aufl., Lohmar u. Köln 2008

Poluha, Rolf G.: SCM in der Praxis – Projektmanagement komplexer SCM Projekte. In: Lawrenz, Oliver u. a. (Hrsg.): Supply Chain Management. Konzepte, Erfahrungsberichte und Strategien auf dem Weg zu digitalen Wertschöpfungsnetzen, 2. Aufl., Braunschweig u. Wiesbaden 2001, S. 311–327

Porter, Michael E.: Wettbewerbsstrategie – Methoden zur Analyse von Branchen und Konkurrenten, 11. Aufl.,
Frankfurt am Main u. a. 2008

Porter, Michael E.: Wettbewerbsvorteile – Spitzenleistungen
erreichen und behaupten, 6. Aufl., Frankfurt am Main
u. a. 2000

Porter, Michael E. und Millar, Victor E.: Wettbewerbsvorteile
durch Information. In: Simon, Hermann (Hrsg.): Wettbewerbsvorteile und Wettbewerbsfähigkeit, Universi-
tätsseminar der Wirtschaft (USW) – Schriften für Führungskräfte, Bd. 16, Stuttgart 1988, S. 62–87

Prahalad, C.K. und Hamel, Gary: The Core Competence of the
Corporation. In: Harvard Business Review, Vol. 68,
No. 3, 1990, Boston, Massachusetts 1990, S. 79–91

Probst, Gilbert; Raub, Steffen; Romhardt, Kai: Wissen managen – Wie Unternehmen ihre wertvollste Ressource
optimal nutzen, 5., überarb. Aufl., Wiesbaden 2006

R

Radjou, Navi; Orlov, Laurie M.; Nakashima, Taichi: Adaptive
Supply Networks. In: Forrester Research, Inc. (Hrsg.):
TechStrategy, Brief February 22, 2002, Cambridge,
Massachusetts 2002, S. 1–6

Reichling, Tim: Wissensmanagement in einer Netzwerkorgani-
sation. In: Wulf, Volker u. a. (Hrsg.): Reihe Schriften
zu Kooperations- und Mediensystemen, Bd. 21, Lohmar u. Köln 2008

Richert, Jürgen: Performance Measurement in Supply Chains –
Balanced Scorecard in Wertschöpfungsnetzwerken,
Wiesbaden 2006

Rothlauf, Jürgen: Total Quality Management in Theorie und Praxis: Zum ganzheitlichen Unternehmensverständnis, 2., überarb. u. erweit. Aufl., München 2003

Ross, David F.: e-Supply Chain Management: Engaging Technology to Build Market-Winning Business Partnerships, Boca Raton, Florida u. a. 2003

Sch

Schäfer, Stefan: Einführung von E-Business-Systemen in deutschen Unternehmen. Fallstudien, Expertenbefragung und DAX100-Umfrage. In: Seibt, Dietrich u. a. (Hrsg.): Reihe Wirtschaftsinformatik, Bd. 38, Lohmar u. Köln 2002

Schäfer, Stefan und Seibt, Dietrich: Benchmarking – eine Methode zur Verbesserung von Unternehmensprozessen. In: Betriebswirtschaftliche Forschung und Praxis (BfuP), 50. Jg., Heft 4, 1998, Herne u. Berlin 1998, S. 365–380

Scheer, August-Wilhelm: Wirtschaftsinformatik – Referenzmodelle für industrielle Geschäftsprozesse, 7., durchgesehene Aufl., Berlin u. a. 1997

Schierenbeck, Henner: Grundzüge der Betriebswirtschaftslehre, 16. Aufl., München 2003

Schmelzer, Hermann J. und Sesselmann, Wolfgang: Geschäftsprozessmanagement in der Praxis: Produktivität steigern, Wert erhöhen, Kunden zufrieden stellen, 6., überarb. u. erweit. Aufl., München u. Wien 2007

Schmitt, Robert und Pfeifer, Tilo: Qualitätsmanagement – Strategien, Methoden, Techniken, 4., überarb. Aufl., München 2009

Schönsleben, Paul: Integrales Logistikmanagement: Operations und Supply Chain Management in umfassenden Wertschöpfungsnetzwerken, 5., überarb. u. erweit. Aufl., Berlin u. Heidelberg 2007

Schonberger, Richard J.: Best Practices in Lean Six Sigma Process Improvement, Hoboken, New Jersey 2007

Schüerhoff, Vera: Vom individuellen zum organisationalen Lernen, Wiesbaden 2006

Schuh, Günther: Change Management – Prozesse strategiekonform gestalten, Berlin u. Heidelberg 2009

S

SAP AG (Hrsg.): PRTM/SAP Benchmarking Study 2002–2003: Supply Chain Planning, Walldorf 2004

SCC (Supply Chain Council) (Hrsg.): Supply-Chain Operations Reference-Model Version 9.0, Washington, DC 2008/1

SCC (Supply Chain Council) (Hrsg.): Supply-Chain Operations Reference-Model: Overview of SCOR Version 9.0, Washington, DC 2008/2

SCC (Supply Chain Council) (Hrsg.): Supply-Chain Operations Reference-Model: Quick Reference Guide Version 9.0, Washington, DC 2008/3

Segal, Joel: Adaptive Supply Chains: Why companies have to adapt or decline. In: The National Computing Centre (NCC) Ltd. (Hrsg): Conspectus.com – Supply Chain & Supplier Relationship Management Contents, Management Briefings July 2003, Amersham, Buckinghamshire 2003

Seibt, Dietrich: Wertschöpfung mit Hilfe IKT-gestützter Lern-prozesse in Unternehmen. In: Oppelland, Hans J. (Hrsg.): Deutschland und seine Zukunft – Innovation und Veränderung in Bildung, Forschung und Wirt-schaft, Lohmar u. Köln 2006, S. 653–689

Seibt, Dietrich: Electronic Business – das Business der Zu-kunft. Dimensionen und Probleme, BASF E-Commu-nications Meeting Europe 2001, Ludwigshafen 2001 (referenziert in Schäfer, Stefan: Einführung von E-Bu-siness-Systemen in deutschen Unternehmen. Fallstu-dien, Expertenbefragung und DAX100-Umfrage. In: Seibt, Dietrich u. a. (Hrsg.): Reihe Wirtschaftsinforma-tik, Bd. 38, Lohmar u. Köln 2002, S. 14)

Seibt, Dietrich (Hrsg.): CEBUSNET Consolidation Frame-work, von: Seibt, Dietrich; Bielli, Paola; Bjørn-Ander-sen, Niels; Bolz, André; Borring-Olsen, Ricco; Chris-tensen, Gunnar; van Dissel, Han; Gerrits, Han; van der Heijden, Hans; Konrad, Peter; Mårtensson, Anders; Meregalli, Severino; Møller, Eva; Neergard, Peter; Schäfer, Stefan; Steneskog, Gösta; Wareham, Jona-than. Working Paper Series, Lehrstuhl für Wirtschafts-informatik, insbesondere Informationsmanagement, Universität zu Köln, Working Paper 97/1, Köln 1997

Seibt, Dietrich: Informationssystem-Architekturen – Überle-gung zur Gestaltung von technik-gestützten Informati-onssystemen für Unternehmungen. In: Müller-Boling, Detlef; Seibt, Dietrich; Winand, Udo (Hrsg.): Innovati-ons- und Technologiemanagement, Stuttgart 1991, S. 251–284

Senge, Peter M.: Die fünfte Disziplin. Kunst und Praxis der lernenden Organisation, 10. Aufl., Stuttgart 2006

Seuring, Stefan, und Goldbach, Maria (Hrsg.): Cost Management in Supply Chains, Heidelberg u. New York, New York 2002

Stadtler, Hartmut und Kilger, Christoph (Hrsg.): Supply Chain Management and Advanced Planning. Concepts, Models, Software and Case Studies, 4. Aufl., Berlin u. Heidelberg 2008

Staud, Josef: Geschäftsprozessanalyse: Ereignisgesteuerte Prozessketten und objektorientierte Geschäftsprozessmodellierung für Betriebswirtschaftliche Standardsoftware, 3. Aufl., Berlin u. Heidelberg 2006

Stewens, Michael: Gestaltung und Steuerung von Supply Chains. In: Schlüchtermann, Jörg (Hrsg.): Reihe Produktionswirtschaft und Industriebetriebslehre, Bd. 14, Lohmar u. Köln 2005

Stolzenberg, Kerstin und Heberle, Krischan: Change Management: Veränderungsprozesse erfolgreich gestalten – Mitarbeiter mobilisieren, 2., aktual. u. erweit. Aufl., Berlin u. Heidelberg 2009

T

Taiichi, Ohno: Das Toyota-Produktionssystem, 2., überarb. Aufl., Frankfurt am Main 2009

Thaler, Klaus: Supply Chain Management. Prozessoptimierung in der logistischen Kette. In: Albrecht, Achim; Pulte, Peter; Mensler, Stefan (Hrsg.): Reihe Wirtschaft und Recht, 5., aktual. Aufl., Troisdorf u. a. 2007

Thonemann, Ulrich: Operations Management – Konzepte, Methoden und Anwendungen, 2., aktual. u. erweit. Aufl., München 2009

Töpfer, Armin und Mehdorn, Hartmut: Prozess- und wertorien-
    tiertes Qualitätsmanagement – Wertsteigerung durch
    Total Quality Management im Unternehmen, Berlin u.
    Heidelberg 2009

U

Unsöld, Martin: Supply Chain Controlling – Strukturierte Be-
    wertung der logistischen Prozesse, Saarbrücken 2007

V

Van Hoek, Remko I. und Weken, Harm A.M.: SMART car and
    smart logistics – A case study in designing and mana-
    ging an innovative de-integrated supply chain, Council
    of Supply Chain Management Professionals (CSCMP)
    (Hrsg.), Oak Brook, Illinois 2000

W

Walther, Johannes und Bund, Martina: Supply Chain Manage-
    ment. Neue Instrumente zur kundenorientierten Gestal-
    tung integrierter Lieferketten, Frankfurt am Main 2001

Wannenwetsch, Helmut: Integrierte Materialwirtschaft und Lo-
    gistik – Beschaffung, Logistik, Materialwirtschaft und
    Produktion, 4., aktual. Aufl., Berlin u. Heidelberg 2009

Wannenwetsch, Helmut: Vernetztes Supply Chain Manage-
    ment – SCM-Integration über die gesamte Wertschöp-
    fungskette, Berlin u. Heidelberg 2005

Wannenwetsch, Helmut und Nicolai, Sascha: E-Supply-Chain-Management: Grundlagen – Praxisanwendungen – Strategien, 2., überarb. u. erweit. Aufl., Wiesbaden 2004

Wentz, Rolf-Christian: Die Innovationsmaschine – Wie die weltbesten Unternehmen Innovationen managen, Berlin u. Heidelberg 2007

Werner, Hartmut: Supply Chain Management – Grundlagen, Strategien, Instrumente und Controlling, 3., überarb. u. erweit. Aufl., Wiesbaden 2008

Westhaus, Magnus: Supply Chain Controlling – Definition, Forschungsstand, Konzeption, Wiesbaden 2007

Witt, Jürgen und Witt, Thomas: Der kontinuierliche Verbesserungsprozess (KVP), 3., überarb. u. erweit. Aufl., Frankfurt am Main 2008

Wöhe, Günter und Döring, Ulrich: Einführung in die Allgemeine Betriebswirtschaftslehre, 23., überarb. Aufl., München 2008

Z

Zimmermann, Klaus: Supply Chain Balanced Scorecard, Wiesbaden 2003

Über den Autor

Dr. Rolf G. Poluha absolvierte zunächst eine Ausbildung zum Industriekaufmann und studierte danach Wirtschaftsingenieurwesen und Betriebswirtschaftslehre. Nach Abschluss seines Studiums als Diplom-Wirtschaftsingenieur (FH) und Diplom-Kaufmann war er als Unternehmensberater und Projektmanager für BearingPoint (vormals KPMG Consulting) und die SAP AG in internationalen Projekten in Europa und den USA tätig.

Zu seinen Kunden gehörten Unternehmen aus der Hightech-, der Elektronik-, Telekommunikations- und Konsumgüterindustrie. Derzeit ist er als Director bei SAP America für die Leitung von globalen Projekten bei multinationalen Konzernen verantwortlich.

Zusätzlich zu seinen praktischen Erfahrungen auf dem Gebiet des Supply Chain Managements hat er sich im Rahmen eines berufsbegleitenden Promotionsprojekts an der Universität zu Köln eingehend mit der Thematik befasst und eine Zahl von Beiträgen geschrieben, zum Beispiel:

- SCM in der Praxis – Projektmanagement komplexer SCM Projekte, erschienen in: Supply Chain Management: Konzepte, Erfahrungsberichte und Strategien auf dem Weg zu digitalen Wertschöpfungsnetzen, herausgegeben von Oliver Lawrenz, Knut Hildebrand, Michael Nenninger und Thomas Hillek, 2. Auflage, Braunschweig und Wiesbaden 2001

Rolf Poluha hat außerdem mehrere erfolgreiche Bücher veröffentlicht, bei denen die Themenbereiche Logistik, Supply Chain Management und Prozessoptimierung im Mittelpunkt stehen. Hierzu zählen:

- Anwendung des SCOR-Modells zur Analyse der Supply Chain, erstmalig erschienen 2005 im Eul-Verlag (Lohmar und Köln), erhältlich in der 4., überarbeiteten Auflage
- Application of the SCOR Model in Supply Chain Management, erschienen 2007 bei Cambria Press (Amherst, New York), empfohlen vom Supply Chain Council
- Spitzenleistungen im Supply Chain Management (mit Peter A. Bolstorff und Robert G. Rosenbaum), erschienen 2007 im Springer-Verlag (Berlin und Heidelberg)

Darüber hinaus hat er eine Reihe von Vorträgen im Rahmen von Tagungen, Fachseminaren und Konferenzen in Europa, Amerika und Asien gehalten und diverse Gesprächskreise moderiert. Er war ferner Gastreferent an der Hochschule Aalen und der Universität zu Köln sowie der Georgia State University in Atlanta, der Duke University in Durham und dem Georgia Institute of Technology in Atlanta, USA.

Anregungen, Hinweise und Fragen sind stets willkommen und können per E-Mail an die folgende Adresse des Autors geschickt werden: *rpoluha@yahoo.com*

The manufacturer's authorised representative in the EU is Springer
Nature Customer Service Centre GmbH, Europaplatz 3, 69115 Heidelberg,
Germany. If you have any concerns regarding our products, please
contact ProductSafety@springernature.com

Printed and bound by CPI Group (UK) Ltd, Croydon, CR0 4YY
27/04/2026
02097572-0001